CADERNOSDECINEMA

RUY GUERRA

azougue

CADERNOS DE CINEMA

editor
Sergio Cohn

consultores editoriais
Cristián Jiménez Plaza
Felipe Bragança
Flávia Rocha
Hernani Heffner
Robert Stam

organização deste volume
Daniel Caetano e Sergio Cohn

projeto gráfico
Sergio Cohn

foto de capa e da entrevista
Simone Cardozo da Silva

ISBN 978-85-65332-32-3

azougue press |
coordenação geral Sergio Cohn
coordenação editorial
Sergio Cohn — Darien Lamen — Cristián Jiménez Plaza
Brasil | CNPJ 12.272.339/0001-26
Portugal | NF 515805394
USA | E. Id. 803650511
Chile | tucán ediciones RUT 77.369.106-1

EDITORIAL

O cinema brasileiro possui amplo reconhecimento internacional por sua qualidade, relevância cultural e capacidade de invenção. Mas são ainda tímidos os exercícios de constituição de uma bibliografia qualificada e ampla, que apresente de modo acessível e qualificado, para as novas gerações e para o público em geral, no Brasil e no exterior, a sua história.

A proposta dos Cadernos de Cinema é exatamente esta: o estabelecimento de um amplo panorama da produção cinematográfica brasileira, através de volumes em homenagem a importantes autores e tendências de diferentes épocas e gerações. Assim, visamos contemplar tanto clássicos como contemporâneos, atualizando o repertório em torno da cinematografia brasileira. Para isso, os Cadernos de Cinema são pensados a partir de quatro eixos: mapeamento, apresentação, reflexão e estímulo à criação.

A proposta dos Cadernos de Cinema também é a de internacionalização da bibliografia sobre o cinema brasileiro, através de tradução para outras línguas, inicialmente inglês e espanhol, e publicação em parceria com editoras com a Azougue (Portugal e EUA) e a Tucán Ediciones (Chile, com distribuição em outros países ibero-americanos, como Argentina, México e Espanha).

O primeiro volume dos Cadernos de Cinema é dedicado aos 90 anos de Ruy Guerra, um dos maiores nomes do nosso cinema, sem o qual não existiria o cinema brasileiro moderno e contemporâneo.

Boa leitura!

ABRE-ALAS

Ruy Guerra costuma dizer não ter mais uma nacionalidade definida – nem brasileiro, nem moçambicano, nem português – embora aponte o Moçambique onde nasceu – e cresceu até a juventude – como a base de suas memórias afetivas e de sua formação de identidade. Nessa flutuação transcontinental, o lugar que habita talvez seja o de uma fronteira invisível, só possível de se perceber se olharmos de perto seus mais de 60 anos de carreira no cinema (e na escrita de letras de música e teatro, é preciso não esquecer...).

Ruy Guerra habita seus filmes e a vontade de fazê-los. Com uma grande e perene fome por descobrir imagens, esteve em todos os momentos mais importantes do audiovisual brasileiro da segunda metade do Século XX. Foi fugura central na emergência do cinema moderno brasileiro no início dos anos 1960 e na luta por um cinema combativo contra a ditadura militar nos anos 1970 (e frontalmente anti-colonial). Atravessou as ruínas da produção dos anos 1990, a retomada da produção nos anos 2000... e até hoje continua ativo, inquieto, em 2021, pensando em novas imagens.

Autor de dois clássicos incontornáveis do Cinema Novo – OS FUZIS e OS CAFAJESTES – dirigiu também obras com alegorias políticas corajosas já nso anos 70, como OS DEUSES E OS MORTOS, A QUEDA e MUEDA (realizado no seu Moçambique natal). Flertou com recortes mais populares nos anos 80 como em A ÓPERA DO MALANDRO e recentemente mergulhou em adaptações literárias arrojadas e experimentais como em QUASE MEMÓRIA. Brilhante com as palavras, escreveu diálogos memoráveis mas também letras de música brasileira (como E Daí? - com Milton Nascimento – e Fado Tropical – com Chico Buarque – só para ficar em dois exemplos icônicos).

A verdade é que não haveria cinema brasileiro moderno ou contemporâneo sem a influência direta ou indireta do olhar e da fala de Ruy Guerra - que parece misturar calma e paciência com uma vontade afiada de mudar o mundo. Atrás da fumaça viva de seu inseparável charuto, transpira a memória e o futuro do que poderia ser um cinema brasileiro (latino-americano?, "do sul?", não-hegemônico?) verdadeiramente independente e contestador.

– Felipe Bragança

ENTREVISTA COM RUY GUERRA

Por Sergio Cohn
e Adilson Mendes,
julho-agosto, 2021

*Ruy, antes de começar a entrevista, você estava mostrando
um desenho do seu avô, que foi um importante pintor
em Portugal. Você pode nos contar um pouco dessa história?*

Realmente, o meu avô paterno foi um pintor importante em Portugal no
fim do século XIX e começo do século XX. Ele foi um pintor ligado a obras
arquitetônicas, de catedrais, palácios e palacetes. Ele pintava painéis decorativos em azulejos e afrescos. Pintou várias câmaras municipais, a começar pela abóbada da própria câmara de Lisboa. Ele era uma figura curiosa,
no fim da vida ficou igual ao Lênin, com a careca, o cavanhaque e a mesma
cara de mau humorado. E dizem que tinha realmente um temperamento
muito difícil. O que acabou até gerando o apelido pelo qual ele ficou conhecido: Pereira Cão. O Cão foi dado pelo rei Dom Carlos I, de quem ele foi
professor e amigo e costumava caçar junto.

Esse meu avô teve 34 filhos em dois casamentos. Com a primeira esposa,
teve 16 filhos, depois se casou de novo e teve mais 18. E mais dois bastardos, segundo consta nas histórias da família. Mas essa coisa de bastardo é
sempre contestada, então não posso dar certeza. O meu pai foi o penúltimo
filho. Não era o caçula, mas o segundo mais novo. Como tinha tantos filhos, o meu avô comprava peças inteiras de tecido e mandava fazer roupas
iguais para todo mundo. E os nomes também, ele dizia que era para facilitar mas só complicou, porque ele dava nomes duplos e só invertia. Um era
João Mario, o outro Mario João, um era Antônio Augusto e o outro Augusto
Antônio. Imagina a confusão que era aquela casa, com todo mundo com
roupa igual e nome parecido...

O meu pai dizia que meu avô era um cara furibundo. Realmente, muito furioso. Contava que ele se sentava numa mesa enorme, reunindo boa parte
dos seus filhos para as refeições. É claro que nunca conseguia reunir todos
os 34, porque as idades eram muito diferentes. Quando o último nasceu
os mais velhos já estavam casados, morando sozinhos. E o meu avô tinha
que ser o último a sentar na mesa. Ele queria que, quando chegasse para
o almoço ou jantar, os filhos já estivessem todos sentados. Uma coisa bem
patriarcal. E não gostava de bagunça. Se os filhos faziam barulhos, ele ti-

**O pintor Pereira Cão,
avô de Ruy Guerra**

rava o molho de chave do bolso. Casa com vinte e tantos filhos, devia ter muitos quartos e chaves. Ele punha em cima da mesa, ficava em silêncio. Se alguém continuasse com o barulho, ele pegava o molho de chaves e jogava na cara do arruaceiro.

Agora, se você pega a biografia do meu avô, é impressionante a produção dele. Pintou muitos prédios históricos importantes. Chegou até a inventar uma tinta própria, feita com gema de ovo. Ele foi grande amigo de um pintor famoso, o Columbano Borjalo Pinheiro. Um dos grandes nomes da pintura portuguesa da época.

*A sua irmã também se tornou uma
pintora, não foi?*

Sim. Aquela coisa, mãe de família, chega aos 40 anos, os filhos já estão criados, ela decidiu se dedicar à pintura. Ela era cinco anos mais velha do que eu, me considerava como um filho. Eu sempre fui o brinquedinho dela.

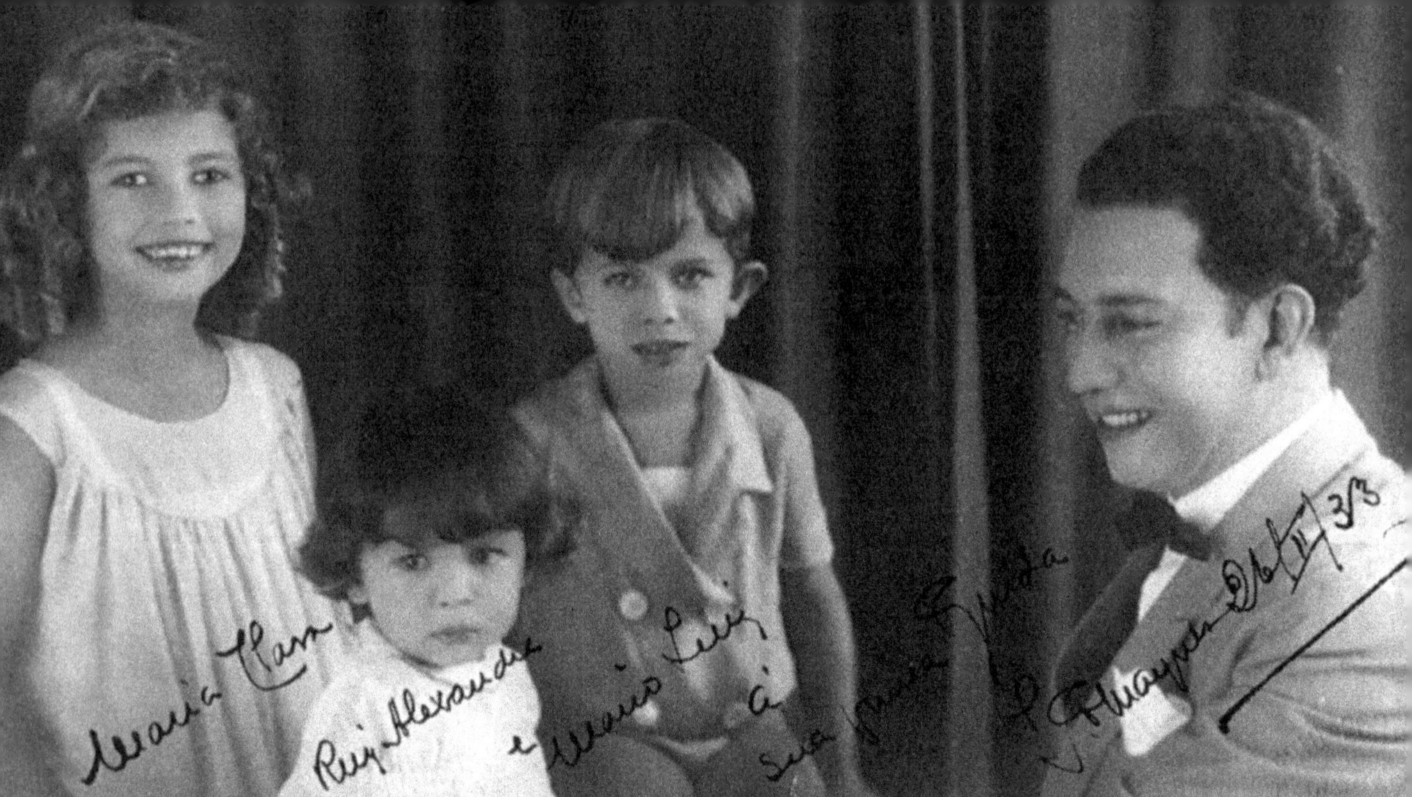

O jovem Ruy, com seu pai e irmãos, Moçambique, 1933

Uma menina com um irmãozinho cinco anos mais novo. Éramos nós três, porque tinha também o irmão do meio. Mas ele era muito diferente da gente. Ele ficou a cara do meu avô, mais duro, mais conservador. Eu nunca me esqueci que um dia ele me disse que a meta de vida dele era casar, ter filhos, discos e livros. Eu tinha 14 anos, queria conquistar o mundo, revolucionar tudo, então não conseguia entender aquilo. E ele realmente casou, teve as filhas, deve ter tido discos e livros, não sei, porque dividi muito pouco tempo com ele. Cumpriu a sua meta. Então, eu sempre tive mais dificuldade de me relacionar com ele. Tivemos uma relação mais distante, até porque ele foi morar em Portugal para fazer a universidade quando eu ainda estava entrando na adolescência. Em Moçambique não havia universidade, ou a gente ia estudar na África do Sul ou na Europa.
Já com a minha irmã eu tive uma relação muito afetuosa a vida inteira. Ela me chamava de Ruquinha, porque Ruca era o meu apelido de garoto, que me acompanhou até eu ir para a França. Ninguém me conhecia como Ruy. A minha irmã era muito ligada ao meu pai. E eles eram muito parecidos. Os dois de olhos verdes azulados. Ela tinha os olhos mais verdes do que

o meu pai, mas também um pouco azulados. E os dois loiros, com cabelo encarapinhado, crespo. Cabelo grande, mas todo crespo. O meu pai tinha um cabelo curtinho, todo encarapinhado, lábio grosso, nariz grosso, e olhos muito azuis. Com um olho que fugia de órbita. Um olho do Sartre.

É curioso que eu não me lembro se era o olho direito ou esquerdo, porque eu tenho a imagem do meu pai no espelho se barbeando. Naquela época, as famílias tinham um banheiro só. Essa coisa de ter vários banheiros na casa é mais recente. Eram vários quartos e só um banheiro. Então, a gente ia lá sempre apressado. Meu pai abria a porta do banheiro e eu olhava para ele. Ele estava se olhando no espelho e um dos olhos dele saía de esquadro. Mas só um, muito azul. E ao natural esse olho não se percebia a diferença. Era curioso. Era algo que se notava somente na inversão do espelho.

**Como era o temperamento
do seu pai?**

O meu pai era tesoureiro e pagador, com muitos contatos na Caminhos de Ferro, que era uma grande companhia em Moçambique. Era a entidade mais importante da colônia. Ele então trabalhava com muitos funcionários negros, e ganhou o apelido de Ingonyama, que significa leão. O meu pai era muito afável, mas era um cara que tinha uma costela do meu avô, do pai dele. Era uma pessoa doce, mas de explosões. Com uma atitude sempre um pouco agressiva. Quando sorria, era muito doce. Menos com meu irmão. Ele e meu irmão eram muito parecidos e disputavam a minha mãe, então era puro ódio entre os dois.

**Mas você também tem algo daquela costela
do seu avô, não é? É uma pessoa que também
pode ter seus arroubos. Isso ajudou ou atrapalhou
a sua carreira cinematográfica?**

Não ajudou em nada, pelo contrário. Um tempo atrás, alguém comentou comigo que eu tinha nome e isso abria portas. Mas no meu caso eu acho que o meu nome também fecha portas, porque eu sempre fui um cara muito briguento. Fiquei com essa fama. Eu tinha razão para ser briguento, porque até os meus 14, 15 anos, eu tinha 1,35 m de altura. Eu até brinco que quando eu for escrever as minhas memórias, o título será "Eu já fui anão". Eu sei o que é ser anão. Depois, cresci.

O meu pai, que era um culto em saúde, forte, troncudo, tinha sido lutador de boxe, não se conformava em ter um filho anão. Eu já tinha 14 anos e batia no ombro dos meus colegas. Eu era anãozinho mesmo. Andava com um shortinho, com uma bota e camiseta. Cabelo sempre comprido, que era muito liso na época, assim meio escorrido, meio a la japonesa, meio caído. O meu pai não se conformava. Ele fez uma reunião de família de médicos para decidir o que é que faria comigo. Eu não sei se assisti ao encontro, não me lembro de ter assistido, mas me contaram o resultado: iam me dar umas injeções. Na época, estamos falando dos anos 40 do século passado, tinham umas injeções que era tiro e queda, você crescia. Só que tinha um pequeno probleminha. O pequeno probleminha é que podia, e na maioria dos casos dava, causar o gigantismo, com todas as suas sequelas, que era crescer a dois metros e qualquer coisa.

O Julio Cortázar tinha gigantismo, não é?

Sim. E é um problema sério de saúde. Aquela injeção podia dar gigantismo ou podia dar debilidade mental. Mesmo assim, meu pai achava que valia a pena correr o risco, porque ele não se conformava. Ocorreu foi que um primo meu tinha chegado de Portugal, um médico, se opôs e garantiu que eu ia crescer. Eu não sei como é que foi, se foi de pavor da ideia das injeções, mas o fato é que eu no primeiro ano eu cresci desmesuradamente, uma coisa de 10 centímetros. Então, meu primo Frederico, que era um jovem médico, pôde sustentar e me tiraram da possibilidade das injeções. Eu cresci 30 centímetros em três anos, um crescimento acelerado enorme. Quer dizer, nunca cheguei em muito, mas cheguei em 1,70 m.

É daí que vem esse meu humor. Eu tinha ódio da humanidade, era um exuzinho. Porque eu também sofria essa pressão, era motivo de riso, as meninas não se interessavam por mim. Eu criei um ódio de criança do mundo, pensava que tinha vindo ao mundo para ter o mundo inteiro contra mim. Então eu brigava todo santo dia. Todo dia eu saía na pancada na escola. Todo santo dia vinha para casa todo sujo. Aquela coisa, já sabiam, já me esperavam para o banho. Já tinha brigado e um humor de cão. E esse humor continuou, fui sempre muito mau humorado. Eu só comecei a me recuperar depois, já na Europa, já com os meus vinte e tantos anos. Mas ficou sempre uma coisa de pavio curto.

Eu fiquei conhecido aqui no Rio de Janeiro pelas minhas brigas, não só com o pessoal do cinema. O Otelo Saraiva de Carvalho, que também era moçambicano e foi um dos líderes da Revolução dos Cravos de 25 de abril, em Portugal, uma vez me disse: "Ah eu me lembro, eu conheci você quando era pequeno. Você estava brigando". Aqui no Brasil eu briguei com o Rio de Janeiro inteiro de porrada. Mas não era porque eu provocasse, eu era muito provocado. Eu usava um cabelo muito comprido para a época e barba. Sabe que na altura só havia dois caras com barba na Zona Sul? Era eu e o Carlos Miele. Uma vez eu raspei a barba, o Miele disse: "Ruy, o que é que você foi fazer? Tirou a barba. Agora eu estou sozinho, não tem mais ninguém com barba aqui!"

Quando foi o golpe de 1964, eu passava na rua e havia a associação da barba com a revolução cubana. Frequentemente eu ouvia: "Raspa a barba, seu otário. Vai acontecer alguma coisa com você". Eu me recusei a raspar a barba naquela época e era uma barra pesadíssima. O cabelo também era muito comprido. Era comum, não vou dizer que acontecesse todos os dias, mas acontecia pelo menos a cada três dias, de eu estar caminhando em Copacabana, vir duas mulheres na rua conversando e olharem assim para mim e tomarem um susto. Como se vissem um monstro, por causa do cabelo comprido e da barba. E olha que eu usava uma barba correta, bem comportada.

Então, eu era muito provocado. E como eu tinha essa herança de ter sido a infância toda provocado, eu já sabia os truques. Os truques eram muito simples, eu identificava isso com muita clareza: a briga que pode ser evitada e a briga que vai acontecer de qualquer maneira, faça o que fizer. A briga que podia ser evitada, eu procurava evitar e tinha os meus truques para isso. Geralmente eram fáceis, quando o cara começava, eu voltava para ele e dizia assim: "Escuta, você está a fim de brigar? Tá? Tá querendo porrada?". Mas antes que ele tivesse tempo de dizer alguma coisa, eu, como não queria brigar, dizia: "Não tá, né? Eu também não estou. Então vamos beber um chopp e acabou". Aí, desarmava.

Quando eu sabia que a briga ia ocorrer, que a coisa não ficaria apenas no bate boca, eu fazia outra coisa muito simples. Eu era magro, ainda hoje não sou gordo, mas na época era muito magrinho, tinha 62 quilos, corpo de adolescente. Se eu sabia que ia dar briga, o primeiro ninguém me tira e eu começava logo. Como eu sabia que não tinha físico para uma briga a longo prazo, que eu ia perder, porque quem propunha briga era sempre os maiores que eu, um metro e setenta não fazia de mim um contendor respeitável, eu saía logo distribuindo soco. Eu sempre briguei muito sujo, sabe? Eu entrava para matar, os golpes piores que pudesse, para acabar logo.

**_Voltando para a sua infância, como era
o interesse na sua família por arte?_**

A presença da arte se deve muito ao meu pai, por conta da influência do meu avô. O meu pai tinha boa educação. Eu nunca soube muito bem o status social do meu avô, mas deveria ser alto, porque ele frequentava a corte, era amigo do rei, teve "a mulher que quero na cama que escolherei", não é? Sustentava mulher e tantos filhos, então devia ter algum dinheiro. E o meu pai desenhava muito bem. Ele desenhava igual o Gustavo Doré, naquela mesma escola. Fazia cavalos, trabalhava muito com esfumadinho, sombreado. Desenhava maravilhosamente bem.
Eu também comecei a desenhar muito cedo. O meu pai era muito esperto, mais tarde eu compreendi alguns truques que ele usou para me motivar para a arte. Um deles era uma estante de vidro onde ele colocava vários livros. Uma estante como se fosse para louça, mas ele colocava livros ali. Tinha, por exemplo, as Fábulas de La Fontaine em francês. Meu pai falava muito bem francês, fazia parte da cultura de classe média alta que ele

pertencia o falar francês. Os portugueses sempre quiseram ser franceses, não é? Então as classes mais altas aprendiam a falar um francês impecável. E aquela edição das Fábulas tinha desenhos belíssimos. O meu pai era muito esperto, então ele nos proibiu de mexer naqueles livros. Era ordem expressa de que não podíamos tocá-los. Mas ele esquecia frequentemente de passar a chave na estante. E aí eu ia lá, pegava os livros, copiava. Porque era o fruto proibido. Ao mesmo tempo, ele começou a me falar de pintura e de arte. E deu certo, eu comecei a me interessar muito por desenho.

É curioso, porque eu me tornei sempre o melhor da turma, ou um dos melhores, em desenho. Mas, por outro lado, eu sou absolutamente incapaz de realizar qualquer trabalho manual. No Liceu, havia um parte de artesanato, de trabalhos manuais, e eu era uma desgraça. As minhas mãos parece que não foram feitas para aquilo. Mas eu sempre desenhei com muita facilidade. Eu imagino que é porque o desenho segue a vista, não a mão. E isso me levou a me interessar muito por histórias em quadrinhos. Eu comecei a desenhar histórias em quadrinhos, copiar capas dos comics norte-americanos. Os diferentes desenhistas do Tarzan. Imitava, sabia desenhar aquelas coisas todas.

Eu lia e copiava não só os norte-americanos, mas também os franceses. Hergé, que fazia o Tintin. Gostava muito do Will Eisner, que era o grande desenhista do Spirit, com aquele escuro, com aquele branco. Depois, teve umas edições do Spirit com uns amarelos muito bonitos. Aquilo me marcou tanto que usei esses amarelos no meu filme *Veneno da Madrugada*, na fotografia do Waltinho Carvalho. Não era nem preto nem branco, mas uma fotografia muito contrastada em cores, com amarelos muito dominantes.

Havia duas revistas portuguesas de quadrinhos que eram muito importantes na época, *O Papagaio* e *O Mosquito*. Eram revistas semanais com muitos desenhistas diferentes. Sempre com histórias seriadas. Eram desenhistas de diferentes países, e é claro que tinha os norte-americanos. Mas, na verdade, a minha formação foi mais do Mosquito e do Papagaio e do Tintim, do que propriamente da escola norte-americana de *comics*.

Foi através dos seriados. Naquela época, todo fim de semana passava seriado nos cinemas. Era o encanto da garotada, ir para as sessões duplas
aos sábados, geralmente com dois filmes de cowboy. Eu conheço todos os
cowboys da época, sei até como cada um tirava o coldre. Eu adorava, tinha coldres de brinquedo em casa, pareciam iguaizinhos aos dos filmes.
E tinham também todos aqueles outros seriados: Flash Gordon, O Círculo
Vermelho, Fu Manchu...
Agora, o primeiro filme que eu tenho na memória de ter assistido, pode ser
até imaginação, mas para mim é como verdade, foi do meu grande ídolo,
que é o Buster Keaton. Não só como ator, mas também como diretor. Ele era
um diretor extraordinário. A naturalização dos espaços que ele faz, a noção
de espaço que ele tem, é fantástica. O Buster Keaton tinha um personagem
que em Portugal se chamava Pamplinas. Eu me lembro que eram episódios de 15, 20 minutos, que passavam no cinema como um complemento

da programação. Porque naquela época o cinema era programado como hoje é a televisão. Começava com um jornal de atualidades, passava um documentário, às vezes passava um desenho animado. E depois um filmete qualquer, que muitas vezes era do Pamplinas.

A primeira memória que tenho de uma cena de cinema é exatamente de um filmete do Pamplinas, em que ele vai para um restaurante e daí encontra um cara gordo, malvado, que era o Chico Bóia. Um personagem também constante nos filmetes. Naquele filme, o Pamplinas fica numa fila de um self service, eu nunca tinha visto um self service antes. Daí, a trama do filme é que o Chico Boia tinha muito dinheiro, faz um prato gigante, variado, mas o Pamplinas tinha apenas uma moedinha, então pega um prato só com espaguete, até mesmo sem molho. Uma massa enorme cobrindo o prato. Daí o Chico Boia ri dele. Mas quando vê o Buster Keaton, com aquela cara impassível dele, coloca o cardápio na frente, tampando o prato, e vai tirando tudo o que se pode imaginar debaixo do espaguete: frango inteiro, carne, porco. Sem nunca mudar a expressão. Essa é a primeira lembrança que tenho do cinema. Eu posso ter visto outras coisas antes, mas foi a primeira cena que realmente me marcou.

E a poesia? Ela também foi uma presença forte na sua juventude, não é?

A poesia foi uma coisa que começou com o meu irmão. Ele começou a fazer quadrinhas quando era garoto. Como era quatro anos mais velho, então, devia ter uns 12 anos e eu uns oito. Eu comecei a achar aquilo muito interessante e tentei copiar, a fazer minhas quadrinhas também. E depois me desenvolvi muito com a poesia brasileira, o Manuel Bandeira, o Jorge de Lima. E os portugueses, as minhas grandes paixões. O Fernando Pessoa não foi uma grande paixão da época. É claro que eu lia e gostava. Mas a minha grande paixão era o José Régio. O "Cântico Negro" eu acho um poema que, se eu tivesse escrito, não escreveria mais nenhuma linha de nada. Eu considero esse poema uma verdadeira obra prima!

**Para fechar o ciclo das artes na sua formação,
para além do cinema, a sua atuação mais
conhecida é na música. Como foi
essa aproximação?**

É engraçado, porque eu estou falando muito do meu pai, parece muito curioso porque só muito recentemente é que eu compreendi o meu pai. Ele cantava muito bem ópera, por ter tido aquela formação culta de classe média alta. Tinha uma voz de tenor muito bonita. E gostava muito de ir a leilões, comprava coisas estranhas. O meu pai um dia chegou com uma pilha enorme de 75 discos de óperas que tinha comprado num leilão. Uma quantidade imensa de discos de óperas. Para ver como a cabeça dele funcionava! Eu acho que uma grande parte da minha loucura eu devo ao meu pai. Por isso que eu gostei tanto do livro *Quase Memória*, do Carlos Heitor Cony, porque em algum lugar o pai retratado no livro remetia ao meu. Mas o meu pai era muito mais louco do que o do Cony!

Por exemplo, nessa história, ele chegou com os discos de ópera em casa e era uma bagunça. Estava tudo embaralhado. Como uma ópera não cabia inteira num disco de 78 rotações, eram vários discos por cada obra, que precisavam ser rearrumados. E ele chamou os três filhos, eu também devia ter uns oito anos na época, pegou aqueles discos e disse que era para a gente arrumar e decidir com quem ficaria cada ópera. Tinha que ser a ópera completa. Então, nós tivemos que fazer uma alta negociação sobre quem ficava com o que, sem nem ao menos saber quem eram aqueles compositores.

Foi só depois que começamos a escutar e conhecer aqueles discos. E começamos também a trocar, porque cada um foi adquirindo o seu gosto. O meu irmão ficou apaixonado pelo resto da vida pelo Tchaikovsky e eu fiquei apaixonado naquela época pelo Rimsky-Korsakov. Aquilo me encantava. E pelo Rossini. Eu me lembro que um dia estava vendo um seriado do Zorro no cinema e na hora que ele parte em galope com o seu cavalo branco começa a tocar um pedaço do Barbiere di Siviglia, que se encaixava perfeitamente. O trotar do cavalo e a música tinham o mesmo ritmo. E com isso eu fui descobrindo que se podia misturar as coisas. Descobri que a ópera que o meu pai cantava e que via como grande arte estava também no seriado de cinema que eu adorava. Aquilo foi uma coisa deslumbrante para mim.

**Você comentou que sua mãe era
aficcionada por cultura chinesa...**

Eu não sei de onde vinha isso. Lá em Moçambique tinha uma comunidade chinesa. Não era uma comunidade particularmente importante. Não era nenhum Chinatown, nada comparado com isso. E tinha muitos produtos chineses que chegavam lá. Chás, incensos, esse tipo de coisa. Curiosamente, naqueles anos 1930 e 1940, havia uma produção literária traduzida em português bastante importante. Não sei como é que isso podia existir, mas em Moçambique chegavam livros de várias nacionalidades. Os livros portugueses e brasileiros chegavam de navio, demoravam 20 e poucos dias para fazer um trajeto que passava por Açores, Madeira, Angola e Guiné, até chegar em Moçambique. E não sei se seguia adiante. Nessa rota, sempre havia um transatlântico que ia e outro que vinha, então digamos que duas vezes por mês um navio aportava em Lourenço Marques.

Eu me lembro que o meu pai, que era um gourmet, sempre estava atento às chegadas dos navios, porque vinham especiarias, delicatessen... Ele trazia para a casa queijos da Serra, essas coisas. E vinha muitos jornais, revistas e livros. Eram as edições portuguesas e brasileiras. A gente recebia com regularidade o *Almanaque Tico-Tico*, o *Almanaque Bertrand*. Eu me lembro de ler na revista *Cruzeiro* as primeiras coisas do Millôr Fernandes, que ainda assinava como Vão Gogo. E as reportagens do David Nasser com o fotógrafo Jean Manzon, uma dupla famosa da época. O que me surpreende é que havia uma demanda para isso. Eu me lembro da minha mãe lendo contos chineses, traduzidos para o português, escritos dois mil anos antes de Cristo. Quem é que lia aquilo? Quem é que se interessava em editar aquilo?

A sua mãe era uma leitora assídua?

Sim. Lia todo dia. O ritual dela era acordar, despachar as crianças para o Liceu, ver se a casa estava limpa, e depois do almoço ela fechava as cortinas todas da sala, porque era muito calor, e ficava na sombra. Acendia um grande incenso, com seu quimono, e ficava num canto lendo a tarde inteira. A minha mãe era muito interessante. Quando meus amigos iam para a minha casa, queriam sempre conversar com ela sobre literatura. Quando ela morreu, fui eu que tive que consolar meus dois melhores amigos. Eles estavam mais abalados do que eu. É curioso que eu mesmo não tenho memória de grandes conversas literárias com a minha mãe. Trocávamos impressões, opiniões sobre livros, especialmente os russos. Mas não uma discussão mais aprofundada.

A minha mãe era um tipo bastante melancólico. Ela era uma figura frágil e se adaptou muito mal ao calor dos trópicos. Ela sofreu muito com o clima de Moçambique. Então, era uma pessoa debilitada. Nunca a vi com atitudes enérgicas. Sempre muito suave. É um temperamento que ela precisou criar por conta da fragilidade física e da dificuldade de se adaptar ao clima tropical. Talvez por isso que ela tenha criado esse universo meio fantasioso em torno da China, de quimonos, incensos e leituras.

Também chegavam filmes desses países em Moçambique?

Não, pelo contrário. Era praticamente só filmes norte-americanos. No centro de Lourenço Marques, que depois virou Maputo, havia um antigo cinema, o primeiro da capital, que era decadente, muito velho e sujo, mas que tinha uma coisa maravilhosa. É que aos domingos ele passava séries completas. Aquilo que você via em doze sábados nos outros cinemas, lá passava numa manhã inteira, com as repetições do início e do fim de cada episódio. Pois cada episódio terminava numa situação de perigo, de suspense, para você querer voltar no sábado seguinte e continuar assistindo. Eu comecei a frequentar esse cinema e ver todos os seriados e filmes. Eu fui inteiramente formado pelo cinema norte-americano. Se há um cara produzido pelo cinema norte-americano, sou eu.

**A mãe de Ruy, Clara Guerra,
em Moçambique, anos 1930**

O curioso é que hoje não parece que eu fui formado pelo cinema norte-americano. Nem mesmo politicamente. Eu sempre digo que se o cinema tivesse realmente essa força toda, eu seria o cara mais reacionário do mundo. A presença da cultura norte-americana na minha infância aconteceu porque Moçambique era um estatuto particular, porque naquela época era colônia, depois passou à província ultramarina e depois passou à independência. Mas, como colônia, tinha um estatuto especial. Para sair de Moçambique português, você tinha que ter passaporte autorizado por Portugal. Senão não podia. Por ter nascido numa colônia, eu não podia entrar em Portugal, que era a metrópole. Em compensação, nós nascíamos oficialmente portugueses de segunda classe. Eu nasci português de segunda classe, não podia ser general, não podia ser Presidente da República, quadros de importância. Como um estrangeiro no Brasil não pode ter uma emissora de televisão. Não sei como é que o Adolf Bloch conseguiu ter a TV Manchete. Então, tudo lá era dominado por fora. Não havia como Moçambique criar o seu próprio mercado.

Mas, ao mesmo tempo, havia uma razão comercial: o mercado moçambicano era minúsculo. Só tinha duas cidades grandes, Angónia e Lourenço Marques, com muito pouca gente branca, que eram os únicos que possuíam algum poder aquisitivo. A grande parte dos cinemas era simplesmente um lugar para negros, que era um buraco assim com uma grande televisão, quase três vezes o tamanho de uma televisão que temos em casa agora, em que os negros ficavam sentados espreitando a tela lá longe. Não podiam nem mesmo sentar perto da tela. Os negros não podiam nem pegar um ônibus, a não ser numa fila que tinha atrás dos ônibus, que era reservada para eles. E essa fila de trás, se um branco se sentava nessa fila dos negros, nenhum negro mais tinha direito de sentar enquanto o branco estivesse lá. Ficava um território branco. Era assim, tudo ameno, tudo muito sereno, tudo muito tranquilo, mas tudo pulso de ferro. Não percebíamos no dia a dia a repressão, mas ela era constante.

Então, não valia o esforço de trazer filmes para o mercado moçambicano. Acabava virando um domínio do cinema de língua inglesa, que chegava pela África do Sul, muito imediatamente depois de se lançar nos Estados Unidos. Da África do Sul, vinha aos fins de semana uma cópia em Maputo e depois voltava. Passava pela Beira, um mercadozinho desse tamanhinho. Existia um mercado difuso de cinema pelos países de inglesa da região, que se centrava pela África do Sul e ia para Rodésia, Namíbia e Tanganica. Moçambique acabava se inserindo no meio daquilo tudo, rodeado inteiramente pela língua inglesa. Moçambique era o único país de língua portuguesa daquela região.

***Mas não chegava filmes de
nenhuma outra língua?***

Era muito raro. Por exemplo, quando deixei Moçambique, com 19 anos, só tinha visto um filme brasileiro, que era o *Pureza*, do Chianca de García, baseado no romance do José Lins do Rego. Tinha visto dois ou três filmes franceses, tinha visto dois filmes italianos do neorrealismo. Acho que foi *Roma, Cidade Aberta* e se não me engano o *Paisà*. Se juntasse todos os filmes que não fossem ingleses ou norte-americanos, não chegava a 10 filmes. Era um total domínio de língua inglesa.

Eu via tudo o que passava e, algumas vezes, se o filme não chegava até Moçambique, eu conseguia ir para a África do Sul assisti-lo, porque a fronteira é a duas ou três horas de distância. Eu lembro que fui uma vez ver um filme que me deixou muito curioso, que era o *Set Up – Punhos de Campeão*, do Robert Ryan. Eu fiquei interessado porque era um filme em tempo real. O tempo da ação coincidia com o tempo do filme. Eu não compreendia como é que se poderia fazer isso, então falei para o meu pai, que trabalhava na Caminhos de Ferro, e ele me arrumou uma passagem barata e eu fui sozinho. Fui de manhã para Johanesburgo, cheguei à noite, fui num bairro perdido, vi o filme e peguei um trem de volta pra casa.

**Para além da exibição de filmes,
chegavam críticas de cinema em
Moçambique? Havia revistas de cinema?**

Olha, curiosamente, chegava muito material brasileiro. Havia uma livraria e papelaria chamada Minerva, que tinha um público pequeno mas fiel e que trazia muitas edições de clássicos, todos brasileiros. E chegavam algumas revistas também. Uma que é pouco conhecida fora de Minas Gerais, que é a *Alterosa*, e coisas como o *Almanaque Tico-Tico*, de histórias em quadrinhos. Mas chegava também *A Scena Muda*, que era uma importante revista de cinema brasileira. Eu lia Alex Vianny quando ainda morava em Moçambique, porque ele publicava muito na revista.

**Quando foi que você decidiu que,
entre todos os interesses que tinha
por arte, o cinema seria a sua linguagem?**

Eu sempre gostei muito de cinema. E houve um momento em que comecei a escrever algumas crônicas sobre os filmes que assistia. Uma pseudo-crítica, pequenininha. Em Lourenço Marques havia dois ou três cinemas principais, que eram os melhores. Deles, o Scala era o mais grã-fino. Ficava no centro da cidade, era frequentado pela alta sociedade. E, por acaso, eu fiz uma crítica de um filme que não tinha gostado e ela foi publicada num semanário que existia na cidade. Coincidiu que o dono desse cinema, o Scala, havia tido uma grande discussão com um amigo dele sobre aquele mesmo filme e tinham tomado posições opostas. Havia sido uma discussão muito apaixonada. Esse proprietário da sala de cinema leu a minha crítica e eu defendia exatamente o mesmo ponto que ele. Ele ficou tão satisfeito que foi falar com o meu pai e disse que queria me conhecer. E daí me deu passe livre para não ter que pagar para entrar no cinema. Ele disse: "Ruy, você é um crítico cinematográfico, tem entrada franca para todo o ano, para todas as sessões". E me deu um cartãozinho amarelo. Me lembro até hoje daquele cartão.

Aquilo me deixou encantado: poder chegar no cinema quando quisesse, como quisesse. Aquele negócio: o meu pai era um funcionário público de segundo escalão, eu nunca tive uma roupa direto minha, era sempre processada pelo meu irmão. A nossa família era de classe média, o dinheiro era curto. Só mais tarde fui perceber o quanto difícil era a vida para o meu pai. Um exemplo disso é que em Moçambique havia uma coisa chamada férias graciosas, que era que todo funcionário tinha direito a um mês de férias por ano, e também a cada seis anos, os que viviam nas colônias tinham direito a um ano sabático, desde que fossem para Portugal. Para manter um vínculo com a mãe pátria. E eu só fui uma vez. Eu morei 18 anos em Moçambique, meu pai devia ter usado esse direito duas ou três vezes, mas ele não teve dinheiro para aproveitar esse direito.

Mesmo assim, com todas as dificuldades financeiras, o meu pai me ensinou uma coisa que me marcou a vida: que eu deveria sempre buscar o que há de melhor. Não necessariamente o que as pessoas consideram o melhor, mas o que eu considero o melhor. O meu pai preferia ter só um sapato de cromo alemão do que ter vários sapatos piores. Ele adorava roupa, só comprava o melhor. E me educou assim: "Abra mão de outras coisas, mas se concentra no que você quer". Ele me ensinou a visar alto. Até hoje eu sou assim. Eu posso abrir mão de muitas coisas, mas não do que eu acho importante para mim. Isso obriga a uma disciplina, porque você não pode querer as outras coisas. Implica em sacrifícios.

No cinema também é assim. Passei períodos longos, de seis ou sete anos, sem filmar. Não é que não pudesse filmar, mas eu não faria o que não achava bom. É bom ficar seis anos sem filmar? É um horror! Mas se não posso fazer o que eu quero, o que acredito que é bom, melhor não fazer nada. Eu morei muito de favor. Eu dei muita sorte na vida, em muitos aspectos, mas as coisas não caíram do céu. Eu passei 20 anos sem ter onde morar, morei em quartos de empregada de amigos. Não tinha nada. É um dia dormindo aqui, outro dia dormindo ali. Ficar suspenso no cabo da brocha. Mas isso também dá uma disciplina muito grande de saber o que é que você quer. Obriga a saber o que você quer, porque as tentações são muito grandes. Eu recusei coisas que muitos não recusariam e que eu, se não tivesse sido moldado dessa maneira, não conseguiria recusar. Eu recusei trabalhar na televisão, por exemplo, porque vi que não era isso o que queria fazer da minha vida.

Quando você começou a filmar?

Foi por conta da amizade que eu tinha com quatro irmãos. Todos eles eram chamados por apelidos, menos um, que era o Chico. Os outros eram o Gordo, o Penca, que é uma gíria moçambicana para nariz grande, e o Gala Gala, que é um tipo de calango que tinha cores vermelhas na cabeça. Um dragãozinho que não faz mal a ninguém, que tem muito lá em Moçambique. Sobe nas árvores. Eu era amigo do irmão mais novo, o Penca. E o pai deles era um cara que tinha bastante dinheiro para o nível moçambicano. Ele era apaixonado por corridas de touros. Em Moçambique, montavam uma arena e uma vez por ano tinha corridas de touros, com os matadores portugueses. E ele tinha uma maquinazinha de 8 mm, só para filmar essas corridas.

O Penca então começou a roubar a máquina do pai e chamava o meu grupo para filmar. Eu dirigia os filmes. Depois, filmamos no Cais Gorjão, que é

Ruy em filmagem com amigos, Moçambique, anos 1940

um porto enorme em Lourenço Marques. O primeiro porto de toda a costa oriental, onde Moçambique era rodeado por países de língua inglesa. E era tudo exportação de ouro e outros minerais. São dois portos principais em Moçambique, um em Lourenço Marques, que é esse grande porto, e outro na Beira. Moçambique é um país comprido, cortado por linhas férreas transversais. Não havia uma linha férrea de norte a sul, era só para servir os interesses da exportação dos produtos locais. Era só para isso que Moçambique servia na época. Então Lourenço Marques era o segundo maior porto da África. Só perdia para Alexandria.

A minha primeira ideia foi filmar o porto. Porque é uma baía muito bonita e logo depois tinha o porto propriamente dito, que é incrível. Eu filmei cenas ao meio-dia, dos trabalhadores se metendo debaixo dos vagões para dormir na sombra. Parecia um campo de concentração, eram imagens muito fortes. Eu levei quase dois anos fazendo esse filme, porque tinha que pegar a câmera escondido. A turma se cotizava para ajudar a comprar os filminhos de 8 mm. Os filmes naquela época eram reversíveis. Para ser mais barato, o próprio negativo passava por um processo de 12 ou 14 operações para virar positivo. Eu aprendi a fazer a revelação em casa.

Eu aprendi isso até porque eu mandava os filmes para a África do Sul para revelar, mas chegou um momento em que eles não retornavam, porque eram retidos como subversivos. Havia já uns movimentos de independência africana e o governo considerava que aquelas cenas prejudicavam a imagem da colônia. Então, não tive outro remédio do que comprar os equipamentos e começar a revelar em casa. Um amigo meu mais velho, o Ricardo Rangel, era ajudante de fotógrafo e me ajudou a montar os tambores de vidro, depois de madeira. A parte física que era complicada, fazer aquilo durante a noite, passar o filme todo num quarto escuro. Eram filmes pequenos, de dois ou três minutos, mas para manipular aquela coisa era muito trabalhoso. Claro que no início manchava, a lavagem não era boa. Mas fomos nos aprimorando a técnica e acabamos fazendo uma versão meio capenga do filme, que chegou a ser exibida uma vez, de forma caseira, e depois se perdeu.

O mar brasileiro é muito diferente do mar de Moçambique?

O mar? É. É diferente. Primeiro que o mar de Moçambique é cheio de tubarão. Você só toma banho em cercado. São águas muito quentes e tem muito tubarão. Inclusive tem um cercado que era em Lourenço Marques, uma época que a rede estava muito velha, entrou um tubarão lá dentro e ninguém podia tomar banho mais lá. Era um cercado relativamente grande com uma prancha de saltos no meio. A maré lá é inteiramente diferente também, porque baixa muito, então forma aquelas poças d'água e você pode ir nadar. Mas quando é maré cheia, é um mar bravio. Principalmente ali, que é Cabo Bojador, aquele que é representado como um monte de pedras soprando. É o chamado Cabo das Tormentas. E é curioso que é um mar muito verde em

Moçambique. Há lugares em que a água vai para o azul. Mas lá é sempre um verde que parece esmeralda, muito bonito. E tem uma profusão fantástica de animais e de conchas. Eu sempre tive muita atração por conchas.

**Você tinha contato com
a cultura negra local?**

A cultura era muito dividida. De um lado, os brancos portugueses, de outro, os negros nativos. Não tínhamos muito contato com a cultura negra, a não ser por nossas babás. Eu tinha uma babá negra, a Rosa, que faleceu faz pouco tempo. Ela trabalhou a vida inteira na casa da minha irmã, ficou sempre na família. E aquilo me marcou muito, inclusive politicamente. Foi quando comecei a ter alguma consciência da questão racial, por exemplo. De todo preconceito. Como eu poderia aceitar a discriminação racial se tive uma mãe negra, que me dava banho e me ensinou a falar? Um dia, ainda ado-

**A casa de campo da família,
Namaacha, Moçambique, anos 1940**

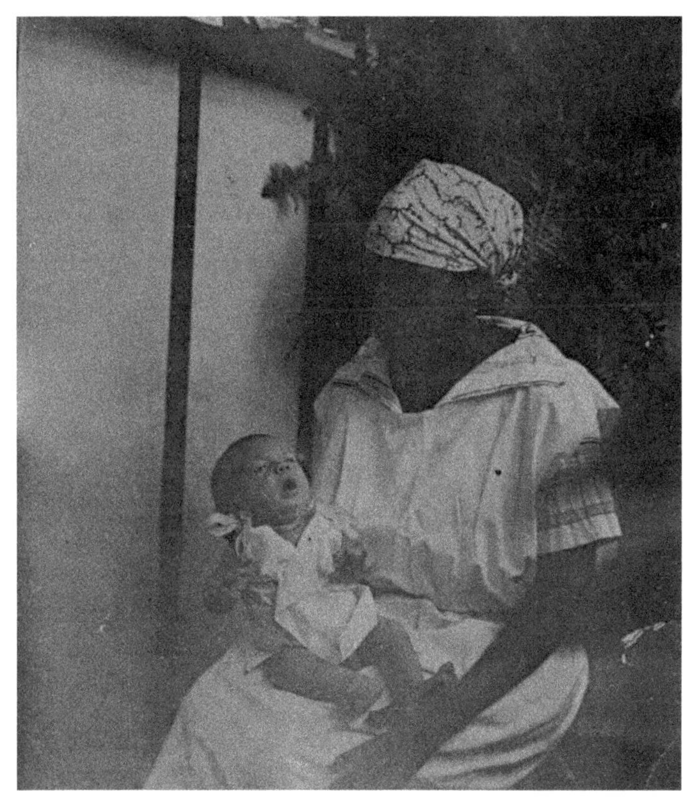

**Ruy no colo de Rosa,
a sua babá,
Moçambique, 1931**

lescente, escrevi um conto, "Negra Rosa", onde a retratava com muito afeto. Provocou um escândalo na cidade. Imagina, como considerar uma negra como sua mãe em uma sociedade racial? Foi por causa dessa questão racial que eu comecei a tomar mais consciência política, entender a ditadura que existia em Moçambique na época. Isso foi muito importante na minha formação. Com 15, 16 anos de idade eu já era figurinha conhecida como subversivo, porque era uma sociedade pequena e havia muita repressão de todos nossos atos.

Essa convivência com os negros era mais até os quatro, cinco anos de idade, e sempre com babás e empregados, no cotidiano da casa. Depois, quando começávamos a ir para a escola, não havia mais vida conjunta. Era um mundo inteiramente apartado. A não ser para quem tinha, como era o caso do meu pai, uma casa de campo. Eu conservei uma forte ligação com os trabalhadores rurais, o pessoal que cuidava dos jardins, os caseiros. Como eu passava férias longas nessa casa de campo, eu tinha contato com o pessoal de lá, que não falava português. A gente era obrigado a encontrar um jeito de se entender. Eu tinha um amigo local que me ensinava muitas coisas práticas, como fazer uma palhota, como ajudar a puxar o burro. Aquelas coisas que as crianças gostam da vida no campo. A gente só conseguia se comunicar por mímica, mas eu adorava ele. Tudo que ele se ocupava eu ia com ele, então isso para mim era muito enriquecedor. Era enriquecedor para qualquer criança, era uma experiência muito rica essa coisa do cotidiano, que é viver uma outra vida a qual você de certa forma não está preparado pela escola ou pela experiência urbana.

A parte cultural negra só começou a aparecer mesmo depois da independência, porque era tudo muito apartado. Não era permitido ir para os bairros negros, era policial para todo lado. E mesmo assim era muito difícil o contato, porque Moçambique tem trinta e seis idiomas diferenciados. Alguns se comunicam entre si, mas outros não. Os países africanos foram divididos na régua, sem nenhuma centralidade lógica de fronteira. Uma linha reta, misturando diferentes povos, separando povos ao meio. Não há uma cultura unificada e nem uma língua.

**Você perdeu a sua mãe muito cedo,
num acidente aéreo. Como foi isso?**

É curioso, porque estava pensando sobre isso esses dias. Especialmente sobre o meu pai, porque só muito recentemente eu fui entender ele. O meu pai sempre teve paixão de voltar para Portugal, que era a terra dele. Fez o sonho todo da vida dele em um dia voltar para lá. Mas quando pode voltar, a minha mãe tinha acabado de morrer num desastre de avião. Era um avião que eu devia ter tomado também, então eu já estou com um superávit de vida desde o fim da década de 1940. Era para eu ter morrido naquele voo, mas na última hora disseram que era melhor que eu não fosse. A minha mãe pegou o avião em Moçambique para visitar a mãe dela, que ela não via há muitos anos e que estava para morrer. Ela pegou um avião da Pan American que bateu numa montanha na Libéria. E ela morreu algumas horas antes da mãe dela, não teria de qualquer forma chegado a tempo de ver a mãe viva.

Quando isso aconteceu, o avião foi dado como desaparecido e os amigos foram para a nossa casa. Ao anoitecer, chega a notícia de que tinha sido descoberto que o avião que a minha mãe estava tinha aterrissado lá perto da Monróvia, que tinha luzes em volta. E a gente acreditou que estava tudo bem. Porque se tinha luzes era que o avião estava inteiro. Então, se abriu champanhe, foi uma grande festa. E eu saí e fui para o cinema Scala, lá tinha uma grande vitrine e era perto de casa. Tinham acabado de colar um papel e vi que o que parecia ser o avião da minha mãe na verdade era o avião de resgate. Foi assim que soube que o avião da minha mãe tinha realmente caído e morrido todos. Eu li isso, voltei correndo para casa, também já estavam sabendo. E o meu pai naquela noite ficou com a cabeça toda branca, com os cabelos mais brancos do que os meus agora. Numa noite! Eu já tinha ouvido falar nisso, mas não sabia que podia realmente acontecer.

Pouco tempo depois, eu fui para Portugal. E ele foi me acompanhar. Ele tinha conseguido me libertar do exército, tinha arrumado um jeito com amigos para me tirar, senão eu teria que ficar dois anos servindo. E a minha ficha política não ajudava. Então, nós pegamos um navio e fomos para Portugal, eu de passagem para a França. Foi lá que eu fui denunciado e me prenderam, mas a minha família conseguiu arrumar uma brecha e me libertar, com a obrigação de eu sair do país em seis meses. O fato é que nesse meio tempo o meu pai quis mostrar Portugal para mim. A gente fez uma viagem para o Porto, que são três horas de trem, ele querendo me mostrar a paisagem. E eu, idiota, fiquei lendo o tempo todo um policial qualquer. Ele quis mostrar a sua paixão por ópera, eu saí no fim do primeiro ato. Não tive o mínimo de sensibilidade para compreender a importância de tudo isso para ele. Eu podia detestar ópera, até hoje não gosto, mas tinha que ter respeitado. Fiz coisas muito mesquinhas com ele naquela época, e só mais tarde percebi isso. Assim como só recentemente fui perceber o quanto ele me deu de ensinamentos e carinho.

**Em que instante foi que se deu assim
a escolha de ser diretor de cinema?**

Olha, é engraçado, porque quando cheguei ao último ano do Liceu, que é a época preparatória para a universidade, tinha uma festa de finalização de curso. Os estudantes todos saíam do país, porque Moçambique não tinha universidade. Uma pequena parcela ia para a África do Sul e a maioria para Portugal. No baile de formatura, havia uma tradição de que os formandos usavam uma fitinha com as cores da profissão que iam seguir. Cada profissão tinha uma cor: advogado, médico. E eu, que não tinha profissão nenhuma, só queria ser escritor ou cineastas, que nem sequer tinham cores próprias, decidi que faria uma fita com cores próprias. Escolhi o vermelho e o negro, porque era o comunismo e o anarquismo juntos. E daí, quando perguntavam, eu dizia que seria cineasta.

Foi assim que eu realmente comecei a fazer cinema. Hoje penso que foi um processo de não me sentir um pária, de não me sentir desprotegido, um apátrida. Não me sentir abandonado. Eu inventei que estudaria cinema, o que na época era muito difícil. Existiam apenas duas escolas principais: o Centro Sperimentale di Cinematografia de Roma e o IDHEC, o Institut des Hautes Études, em Paris. Tinha também a escola de Lodz na Polonia, onde se formou o Roman Polanski e outros grandes diretores, como o Ivan Passer.

Eu só tinha essas três opções para estudar. Depois, havia cursos esparsos. Mas escolas mesmo de cinema eram só essas três. Eu descartei logo a Polônia porque teria que aprender polonês, não era muito fácil. E eram seis anos de curso, com dois anos de preparação interna. Eu queria, como todo garoto quer, colocar logo a mão na massa. Quer criar já no primeiro dia. Então, ficar dois aprendendo coisas abstratas antes de começar a filmar não me interessava. O Centro Sperimentale era a minha vocação mais natural. Estamos falando da virada dos anos 1950, então quem estudava lá acabava aprendendo o realismo italiano. Mas tinha um problema: estrangeiro só podia ser ouvinte, não podia ser aluno regular.

Como no IDHEC eu poderia ser aluno regular, desde que pagasse, acabou sendo a minha escolha. Para os franceses, era um curso financiado pelo Estado. Mas lá era muito complicado de entrar, tinha que fazer um ano de estudos preparatórios. Se apareciam 50 ou 60 candidatos, só eram apro-

Ruy em filmagem, França, anos 1950

vados 10 ou 12. Na minha turma, só foram aprovados oito. Mas, depois de ingressado, o tratamento era igual para todos. Agora, se você pudesse pagar integralmente, entrava sem fazer exame. Foi o meu caso. O IDHEC era radicalmente caro. Para mim, então, que tinha dinheiro exato para fazer o curso, tinha que ter disciplina.

Eu só pude fazer o IDHEC porque a minha tinha morrido no acidente de avião. O meu pai lutou muito e conseguiu um valor alto da companhia de seguros, que foi dividido entre os três filhos. Para mim, esse valor pagava dois ou três anos de estudo em Paris. Como eu nunca tinha administrado nada, pedi para o meu pai para me enviar mensalmente uma soma de dinheiro, mas ele recusou. Eu fiquei com tanto medo, porque quando fiz os cálculos, vi que dava uma soma justa para aquele período de tempo. Então, o que eu fazia? Todo mês eu tirava o valor que tinha direito para aquele período, e se gastasse antes, eu ficava sem dinheiro nenhum até o próximo mês. Eu cheguei a passar fome em Paris porque não fui buscar o dinheiro no banco antes da data certa.

*Ruy, um amigo de adolescência seu,
o Eugênio Lisboa, uma vez disse que você, junto
com o Rui Knopli e o sociólogo Hermínio Martins,
"embaixo de frondoso cajueiro, criaram o
primeiro Partido Comunista
Moçambicano". A sua atividade política
chegou a gerar problemas, especialmente
na chegada a Lisboa, não foi?*

Olha, eu nunca fiz parte de movimentos organizados, o máximo que fiz foi assinar um ou outro panfleto. E o Hermínio também não era exatamente um radical. Mas eu tinha sim uma posição política reconhecida em Moçambique. Então, quando eu cheguei em Lisboa, a PIDE, que era a polícia política da época, já estava avisada. Me deram ordem de prisão ainda no navio, saí de lá algemado. Foi um susto, especialmente porque eu estava com alguns livros que poderiam ser considerados subversivos, como o *Seara Vermelha*, do Jorge Amado. Mas, como contei, logo minha família conseguiu me libertar e pude seguir pouco depois para a França.

*Você uma vez me contou que o
Paulo Emílio Sales Gomes foi uma
das primeiras pessoas que você
conheceu em Paris...*

Sim. O Paulo Emílio foi o primeiro brasileiro que eu conheci na vida. Quando eu cheguei em Paris, eu não conhecia absolutamente ninguém. Uma pessoa que fosse. E eu cheguei uma semana atrasado para o curso, porque fui com o meu pai conhecer Londres. De lá, meu pai voltou para Moçambique e eu fui para a França. Então, quando cheguei para o curso, a secretária disse que eu não podia mais me matricular, porque já havia começado. Eu insisti, mas sem sucesso: agora eu só poderia me matricular no próximo ano. Eu perderia um ano inteiro de curso, o que era grave, ainda mais porque eu estava com o dinheiro contado.

**Ruy com seu pai Mario João
e o irmão Mario Luiz,
França, 1952**

Eu não tinha mais o que fazer, então arrumei uma cama num hotel baratinho e fiquei por lá. Tinha um café na esquina, que eu comecei a frequentar. Foi nesse café que eu conheci por acaso um vietnamita, que era o Than Trong Tri, que me disse o que? Que estudava no IDHEC! Eu expliquei que também queria estudar lá, mas que infelizmente não tinha conseguido vaga, mas ele insistiu para eu falar com o diretor, o Monsieur Remy Tessonneau. Esse diretor era uma figura meio caricata, com o olho dormido e um cigarro o tempo inteiro na boca, com a cinza avançando sem nunca cair. Não sei como ele conseguia. E o Tri me deu uma recomendação expressa: para ressaltar que eu era de Moçambique.

Eu cheguei na sala do diretor, falei com ele, mas ele só repetia "c'est ne pas possible" e "il n'y rien à faire". Não havia nenhuma chance de mudar de opinião. Até que me lembrei da indicação do Tri e falei: "Monsieur Tessonneau, je suis du Mozambique". Daí, tudo mudou. Ele perguntou se eu tinha documentos para provar a minha procedência. Eu mostrei para ele os documentos, ele perguntou se eu tinha dinheiro para pagar o curso, disse que sim. Então, ele foi até um grande mapa e eu finalmente percebi o que estava acontecendo: ele colocava uma bandeirinha para cada país de todos os alunos que passavam pelo IDHEC. De Portugal havia vários, mas eu era o primeiro de Moçambique. Plantou a bandeirinha lá. Foi assim que eu consegui entrar no IDHEC.

Mas, naqueles dias que eu fiquei no café não sabendo o que fazer, eu tinha decidido que estudaria alguma coisa, e fui à Sorbonne, onde tinha um curso de filmologia, ministrado por Gilbert Cohen-Séat. Era um curso novo, que tinha começado naquele ano. Filmologia é um estudo já mais de psicologia do cinema, impressões sensoriais, aquela coisa francesa. Curso de intelectual. Não era exatamente o que me interessava, mas era a única coisa que se aproximava do cinema. Então, eu fui lá ver os horários. Quando estava me matriculando, conheci um jovem francês, que deveria ter a minha idade. Eu estava com 24 anos, por aí. Começamos a conversar, ele me ajudou na matrícula, foi muito solícito. E, no meio da conversa, ele perguntou se eu era brasileiro, porque tinha identificado o meu sotaque com o de um brasileiro que ele tinha conhecido, o Paulo Emílio Sales Gomes. E perguntou se eu tinha o que fazer naquela tarde, senão poderia me levar para conhecer esse brasileiro, que morava ali perto. Eu fui, é claro. Não conhecia nenhum brasileiro na vida, não tinha mais nada para fazer...

Ele me levou até Saint-Germain, onde Paulo Emílio estava morando. Eu entrei, ele estava lá com aquele olho meio fugindo para o infinito. Me recebeu de braços abertos. Daí o garoto foi embora, eu nunca mais o vi na vida. Fiquei conversando com o Paulo Emílio por um par de horas. Ele só fazendo perguntas e ouvindo. Quando a mulher dele, a Sonia Veloso Borges, que era prima do Mário Pedrosa, chegou, ele virou para ela e disse: "Vem cá, vem conhecer o Ruy. Olha como o sotaque dele é maravilhoso!" Ele não estava interessado em nada do que eu dizia, está só encantado com o meu sotaque moçambicano, acredita?

Como foi a experiência do IDHEC?

Foi muito rica. Não apenas pelas aulas, mas também pela convivência. Os meus colegas eram quase todos estrangeiros, só havia uns sete ou oito franceses. Então, convivi com gente de diferentes culturas e nacionalidades. Tinha de tudo: o Tri, que era vietnamita, alguns portugueses, uma dinamarquesa... Tinha um mexicano que me ensinou a fazer uns desenhos gráficos bem esquemáticos para história em quadrinhos. Eu já fazia histórias em quadrinhos, e ele me ensinou um tipo de desenho de arquiteto para eu poder fazer de forma mais rápida os enquadramentos. Entre os meus colegas estava o Noël Burch, que era norte-americano, mas depois se naturalizou francês. Se tornou um grande teórico. Era um cara alto, magrinho. Era muito simpático, mas não tivemos um grande convívio.

O curso era muito bom, mas o que era mais fantástico era isso: conviver com 40 tipos, com mais de 12 nacionalidades. Todos apaixonados por cinema, na faixa de idade dos vinte e tantos anos. Trocando ideias tantas e formando pequenos grupos que acabavam indo para assistir filmes juntos. Com o tempo, fomos nos agrupando conforme as afinidades. E o curso era das nove da manhã às seis da tarde. Era intensivo. Então o contato, a troca de ideias, pessoas apaixonadas todas pela mesma coisa, isso foi muito rico. A amizade, as trocas de informação, as trocas de sentimentos.

Fico imaginando também a maravilha
que deve ter sido estar em Paris e ter
acesso a uma gama imensa de cinematografia
mundial. Vindo de Moçambique, onde só havia
filme norte-americano, deve ter sido uma descoberta...

Ah, foi fantástico! Eu cheguei em Paris, a Cinemateca Francesa passava três ou quatro filmes todo anoitecer. Do fim da tarde até umas dez da noite. Tinha de tudo, desde o primeiro George Mèliès e Lumière até os filmes mais recentes. Claro que não os últimos lançamentos, que estavam nos cinemas comerciais, mas de pouco anos antes. Era uma programação do ponto de vista histórico, sempre tinha uma uma história do cinema que era contada durante o ano. Com pequenas variantes, mas sempre começava dos primórdios, dos primeiros filmes, e ia avançando. Então você tinha a possibilidade de ver filmes de todas as épocas da história do cinema e do mundo inteiro.

Havia caras que se tornavam ratos de cinemateca, eu também fui um rato de cinemateca durante um tempo, mas depois eu preferia mais cair na vida. Então temperava mais a coisa. Via filmes, mas também frequentava os cafés. E era baratíssimo o preço do ingresso, simbólico mesmo. Então era possível ver tudo o que quisesse. E podia rever também.

Como eram seus professores?

Havia de tudo. Eu tive aula com o Georges Sadoul, que é um grande historiador comunista, daqueles de quatro costados. Ele gostava de se vestir de russo, com carapuça e tal. Forte, cara asiática, parecia mais da China do que qualquer coisa. E o Jean Mitry, que era mais intelectual, um cara alto, enorme, com a cabeça raspada. Muito inteligente, muito simpático e muito estimulante. Sadoul era um professor mais ortodoxo. Mas o Mitry não. O Mitry era um teórico, escreveu aqueles dois livros de psicologia do cinema. O Mitry é considerado hoje como um vetor que fecha todo um ciclo de história do cinema até os anos 1960. Nos anos 1960 há uma crivagem da linguagem cinematográfica.

Nos fins dos anos 1960, você entra praticamente no fim da simbiótica aplicada à imagem. Aí começa a entrar numa simbiótica plasmar da imagem e coisas do tipo, que já começa a ser mais psicanálise do que cinema. Eu gosto, eu leio. Tenho um livro de cabeceira e estou lendo simbiótica para me ajudar a dormir, porque é complicado. Já é uma especulação tão profunda que você ou acha aquilo chatíssimo ou então aquilo desperta maravilhosamente o seu imaginário sobre a linguagem.

Eu estou há anos estudando o nó borromeano do Lacan. Há anos! E é a mesma coisa: é uma teoria incrível e ao mesmo tempo pode ser nada. Mas é fantástico para despertar o imaginário. O nó borromeano do Lacan é aquele sobre a reunião da realidade propriamente dita, essa que a gente conhece, com o imaginário e com o simbólico. Realidade, imaginário e símbolo.

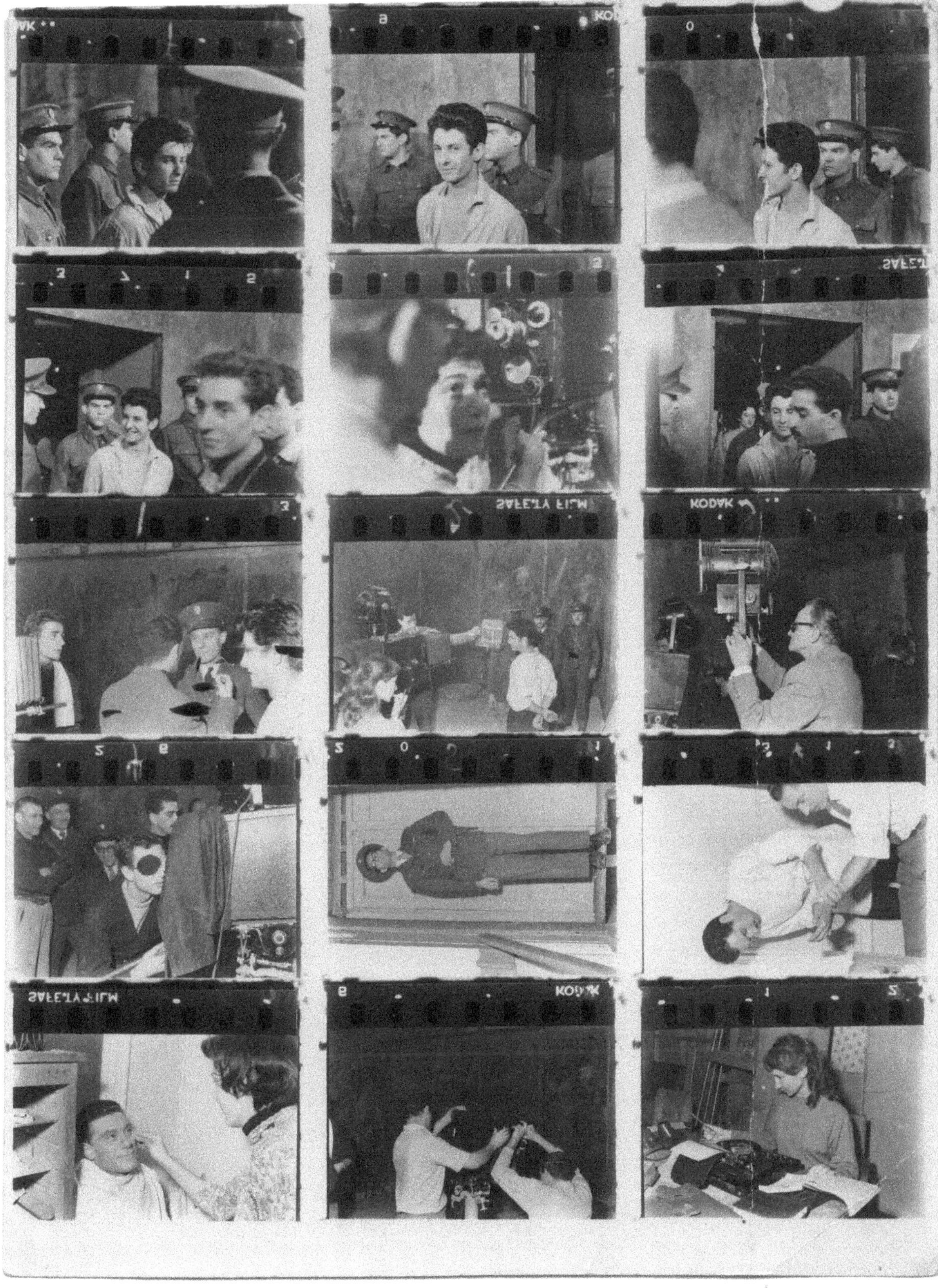

Fotogramas do IDHEC, anos 1950

Ruy no sul da França, anos 1950

E o Lacan criou uma teoria juntando os três, mas dando uma torção no elo. Você pode percorrer esses três anéis entre si sem nunca passar do interior para o exterior. Passa um por dentro do outro. Lacan faz as considerações e o encontro desses três nós borromeanos. A grande coisa é que ele diz que se desfizer um desses três anéis, os outros se desmancham. Quer dizer, no nó borromeano, o imaginário, o simbólico e o real têm que estar unidos. Basta perder um deles que se perde os três.

O Lacan foi batizar isso porque ele viu na heráldica tradicional italiana um conde ou coisa do tipo, um nobre italiano que se chamava Borromeu e cuja heráldica tinha esse nó. Então ele chamou de nó borromeano. O que mais me fascina nisso é que há um momento que tem o encontro dos três, e esse encontro dos três cria uma área que o Lacan interpreta como a área do indizível. Aquilo que não pode ser dito. No encontro do imaginário com o real e com o simbólico, cria uma área do indizível. Tudo maluquice, mas fascinante. Se começarmos, podemos ficar aqui uma semana falando sobre isso.

Outra coisa que me fascinou foi que o meu filme que talvez eu mais goste é *Os Deuses e os Mortos*. E o Lacan começou a estudar essa teoria do nó borromeano somente nos anos 1970. Outro dia encontrei um livro francês, escrito na época que saiu o filme, portanto antes do Lacan divulgar a sua teoria. E tem um ensaio sobre o filme, onde o crítico diz que *Os Deuses e os Mortos* é um filme sobre o imaginário, o real e o simbólico. Numa frase de uma linha e meia. Não sei por que ele diz isso, mas realmente o filme trabalha o simbólico, o imaginário e o real simultaneamente. Eu não tinha consciência nenhuma disso quando fiz o filme. Tinha consciência de outras coisas, mas não disso.

**Paris dos anos 1950 é marcada pelo
surgimento dos cineastas da nouvelle vague.
Como era a sua relação com eles?**

Aquele foi realmente um período muito vibrante do cinema francês. Foi logo antes da nouvelle vague, eu vi o surgimento da nouvelle vague de perto, mas já havia um grupo formado por Godard, Truffaut, Chabrol e Rohmer, em torno da revista Cahiers du Cinema, e que estava pensando em realizar um cinema que não seguia os padrões da indústria cinematográfica francesa. Já era um período intenso de renovação.

Eu não me aproximei tanto deles, fazia parte de um outro grupo, em torno da revista Positif, que era mais marcadamente de esquerda. Tínhamos diferenças, até mesmo um certo embate em termos políticos, mas ambos os grupos concordavam sobre a ideia de se contrapor à indústria e buscar uma outra estética cinematográfica. A postura autoral e a busca de uma nova linguagem certamente foi marcante para mim. E era sempre instigante ver o pensamento desses grandes cineastas acontecendo no calor da hora.

**Você conviveu naquela época com
o Jean Marais, não foi? Uma estrela**

Sim. Um excelente amigo. Um cara muito bom. Um homossexual assumido, o que não era comum naquela época. Ele era muito suave. Nas equipes, quem adorava ele sempre eram os maquinistas. Significa que ele tinha um tratamento muito pouco francês, um tratamento de igual para igual, porque os franceses são muito hierárquicos. O Jean Marais tinha essa coisa muito direta e simples. E era a grande beldade francesa da época. Ele era um homem muito bonito. Tinha um corpo fortíssimo e tudo natural. Depois que perguntei: "Você fez ginástica?". Ele disse: "Nunca fiz ginástica na vida". Mas tinha um corpo naturalmente esculpido.

Eu o conheci em 1957, numa filmagem em Córsega. Numa cidade de beira-mar, chamada Calvi, onde tem uma grande fortaleza em cima de um monte. Era um filme chamado *SOS Noronha,* do Georges Rouquier, estrelado pelo Marais. Aquele lugar era para representar Fernando de Noronha, acreditem só... E o engraçado é que eles importaram seis caranguejos, porque numa cena em que morria um cachorro, tinha que ser devorado por caranguejo. Importaram do Brasil seis caranguejões enormes para ficar lá, mas importaram com dois meses de antecedência. Claro que morreram. E o maluco aqui, que estava atuando no filme e também fazendo estágio de direção co, o Rouquier, decidiu resolver a questão.

Dois dos caranguejos já tinham morrido, eu tentei salvar os outros, mas é claro que não consegui. Daí, tive que esvaziar os caranguejos, pegar caranguejos da Córsega, que eram chatos, e fazer carapaças em cima daqueles. E fiz uns caranguejos postiços. Foi filmado com aquilo mesmo. O pior é que a gente tinha que esperar encontrar um cachorro morto parecido com o do filme, porque a gente não ia matar o animal para filmar, não é? E ficava esperando para conseguir levar o cachorro morto para Fernando de Noronha postiço, que era a Córsega, para lá filmar os caranguejos saindo do cachorro. Tive realmente um trabalho de cão.

Mas no geral aquela filmagem foi muito agradável. Fiz bons amigos. O assistente de direção do *SOS Noronha* era o Jacques Demy, que se tornou um grande diretor. Ele foi casado com a Agnès Varda. Nós ficamos muito amigos. Ele era de trato muito fácil, daquele tipo de pessoa afetiva por natureza. E Calvi era uma cidade muito pequena. São três ruas e um castelo que o grande título de glória é dizer que uma noite Napoleão dormiu ali. Na época, era uma boate, para aproveitar o turismo. É um lugar bonito de praias. E havia só dois restaurantes na cidade. A gente ficava revezando em qual restaurante ia. A equipe toda se encontrava para as refeições.

Um dia, eu percebi que o Marais estava me evitando. Fui conversar com ele e perguntei o que poderia estar acontecendo. Ele respondeu: "Ah, Ruy, sabe o que é? Nós estamos aqui fechados numa cidade pequena, todo mundo sabe que eu sou homossexual e você é um garoto novo, de 25 anos, com todo o futuro pela frente. É muito fácil as pessoas começarem a dizer coisas

Ruy, Jean Marais e Daniel Ivermel em filmagem na Córsega, 1957

e isso pode ser muito prejudicial para você". Eu respondi para ele que não me preocupava com o que as pessoas falassem, eu prezava demais nossa amizade para perdê-la por opinião de terceiros. E disse que se ele me evitasse de novo, eu faria pior: uma imensa cena de ciúmes, para todo mundo ter o que falar. A partir disso, ele voltou a sentar na mesa conosco.

Quando acabou a filmagem, ele virou para mim e para o Jacques Demy e disse: "Olha, vou dizer uma coisa: quando o René Clément era ainda assistente de direção, eu senti que ele seria um grande diretor". O Clément fez o *Jogos Proibidos*, um filme maravilhoso. E o Marais disse: "Eu sinto que vocês dois também vão ser grandes diretores. Então eu tenho uma proposta: se um dia precisarem de um ator, me chama que eu faço o que vocês precisarem". Isso era a mesma coisa, em termos americanos, que Marlon Brando se oferecer a trabalhar com você. Muda o jogo, porque quando se tem uma estrela desse naipe no elenco, a produção consegue captar os recursos necessários.

Passado um tempo, quando eu tentei fazer *Os Fuzis* na Grécia, eu precisava de um ator e ele cabia para o personagem. Escrevi para ele, que se não me engano estava filmando na Iugoslávia, e ele respondeu que não precisava nem ler o roteiro, que estava à disposição para fazer o personagem. Mas o projeto não foi para a frente e acabou que só faria o filme anos depois, já no Brasil.

Como foi a sua vinda para o Brasil?

Eu vim para o Brasil por uma série de conjugações. A primeira delas é que eu estava apaixonado por uma brasileira, que era a Verinha Barreto Leite. Uma das primeiras modelos brasileiras. A gente se conheceu em Paris, mas depois ela voltou para o Brasil. Depois, quando eu fiz o *SOS Noronha*, eu convivi com alguns brasileiros. O José Lewgoy fazia um personagem no filme, assim como Vanja Orico, que tinha feito um grande sucesso no *O Cangaceiro*, do Lima Barreto. Precisavam também de um jovem para o elenco, e quem foi convidado para fazer o papel e recusou foi o Nelson Pereira dos Santos. Foi esse o papel que eu acabei realizando.

IMPERIAL FILMS INTERNACIONAL S.A. apresenta a produção da UNION GÉNÉRALE CINÉMATOGRAPHIQUE

"S.O.S. NORONHA" com *JEAN MARAIS* + *JOSÉ LEWGOY* + *VANJA ORICO* + *YVES MASSARD* ALTIT + NERIO BERNARDI + RUY GUERRA + ALINA DE LIMA + DANIEL IVERNEL. + Cópias pela TECHNICOLOR +

O Nelson veio trazer uma série de coisas para a minha vida, mesmo sem saber. Foi ele que me permitiu participar do *SOS Noronha*, ao recusar o papel. Foi ele quem me colocou em contato com o Jece Valadão para fazer o *Cafajestes*, por exemplo. É meio que um padrinho do filme. Ele sempre foi uma pessoa muito carinhosa comigo. E ficamos grandes amigos. Não assim amigos do cotidiano, mas sempre com uma relação muito afetuosa. Tem amizade que são assim. O Carlos Vergara, o pintor, por exemplo, nós ficamos muito amigos no bar Castelinho. Era o nosso ponto. Ele é bem mais jovem do que eu, mas nossas tribos eram próximas. Dentro do Castelinho tem várias tribos. E eu gostava muito de pegar jacaré, pegar onda no mar sem prancha, e o Vergara também. Então, de dia a gente ia pegar jacaré juntos. Seguimos amigos assim: de praia e de bares. O Jangadeiro, o Zeppelin... Sempre de forma muito fraterna, embora nunca realmente próxima.

Mas o principal motivo que me fez decidir vir para o Brasil com tanta pressa é que a Vanja Orico havia decidido fazer uma adaptação de um conto do pai dela, o Osvaldo Orico. Ela me chamou para fazer o filme, que seria gravado no Pará. Era a história de um boto que engravida uma mulher. Uma história muito ligada ao folclore local. O Osvaldo era um paraense que havia enriquecido, deveria ter muito dinheiro, morava num apartamento enorme no Morro da Viúva. No apartamento dele, na mesa de centro, tinha um livro vermelho, daqueles que se compra com as biografias. Deve ter custado uma nota para ele ter a sua biografia editada. Ele era da Academia Brasileira de Letras, mas era um escritor medíocre. Uma nulidade. O pessoal brincava que ele era uma nulidade de ponta a ponta, porque o nome começava com zero e acabava com zero: "O"svaldo Oric"O".

Só que chegar no Brasil não era fácil. Eu tinha que passar por um controle de Portugal. Claro que havia também o controle brasileiro, mas o grande problema era Portugal deixar eu sair da Europa. Eu tinha um passaporte que dava direito à França, Espanha, mas tudo no continente europeu. Então, eu não tinha visto para vir para o Brasil, precisava de um chamado de família ou de algum vínculo empregatício. Eu não tinha nenhum dos dois, mas contei com a generosidade do Paulo Emílio, que fez uma carta obviamente falsa de emprego na Cinemateca de São Paulo. Segunda a carta, eu

ganharia cerca de 10 mil cruzeiros por mês. E com essa carta em mãos, fui
ao Consulado português e consegui finalmente o visto.

Chegando ao país, a volta aos trópicos que tanto me ficou marcada pelo
cheiro da manga, eu descobri que gostaria de ficar por aqui. O filme do
Orico não deu certo, mas mesmo assim eu vendi o meu bilhete de volta e
decidi tentar a vida no Brasil.

**Como foi a sua aproximação com
o pessoal do cinema brasileiro?**

Essa é uma boa pergunta. Como é que foi? Deixa eu ver se me lembro. Bom,
a Verinha Barreto Leite era sobrinha do Jorge Sanz, que foi diretor da Cinemateca do MAM. Quando eu cheguei ao Brasil, foi um dos períodos que
eu andei sem rumo, sem dinheiro nem lugar onde morar. Então, o Sanz me
pôs na casa da ex-mulher dele, com quem estava brigado. A Luiza Barreto
Leite, que foi atriz de teatro. Eles tinham dois filhos, um pouco mais jovens
do que eu. Um deles virou o cineasta Sergio Sanz. E, como me dei muito
bem com o Jorge Sanz, fomos muito amigos por muitos anos, eu andava
com ele e ele foi me apresentando a turma do cinema.

O Jorge Sanz era uma figura incrível. Depois, foi um dos editores da Sabiá,
ao lado do Fernando Sabino e do Rubem Braga. Ele devia ter 1,80 metros,
por aí. Magro, esguio. Foi o único cara na vida que eu vi que sentado numa
cadeira normal, nunca vi ninguém mais fazer isso, dobrava assim a perna e
essa perna junta pé com o outro pé. Fica um do lado do outro, só de cruzar
a perna. Ele parecia muito um personagem da Luluzinha, aquela história
de quadrinhos, chamado Vovô Francolino. Era um personagem magrinho e
maluquinho. Essa era a figura do Sanz. Ele tinha dois apelidos, este e Sanz
Fiction, porque era um grande mentiroso. Mas era um cara de uma inteli-
gência incrível, com grande rapidez de lançamento.

O Jorge Sanz era totalmente anarquista. Um cara de uma cultura que ia da
paixão que ele tinha pela ficção científica, de onde veio o apelido de Sanz
Fiction, até um conhecimento cinematográfico enorme. Eu fiquei muito
amigo dele naquele período. Outro grande amigo meu da época era o Lúcio

Rangel. A gente sempre ia beber no centro da cidade, no Villarino, o bar que ficou famoso por ter sido o lugar do encontro da bossa nova, entre o Vinicius de Moraes e o Tom Jobim. De lá, saíamos já bêbados para o Antonio's. Aquele foi um período muito feliz da minha vida, embora não tivesse nenhum dinheiro. Eu morava de favor na casa de amigos, como a de um francês que tinha um magnífico apartamento. Uma vida maravilhosa, mesmo eu não tendo um tostão. Eu andava unha e carne com o Baden Powell. Logo ele, que era um boêmio inveterado. Ele morava no Hotel Lapa, que era perto do apartamento que eu estava, em Copacabana. Então, ele ia me encontrar no apartamento e ficávamos lá. Tinha casa, comida, bebida à vontade. Depois, o Baden saía para trabalhar, para tocar na noite, e eu ficava. Alguém tinha que trabalhar naquele país, mas não era eu. Eu fiquei esse tempo solto no mundo. Morei no quarto de empregada do Jorge Sanz por anos. Quando qualquer coisa falhava, tinha o quarto de empregada do Sanz. Um quartinho cheio de livros, eu ia lá, me metia entre os livros e dormia.
Eu devo muito às amizades, eu tive sempre pessoas muito carinhosas que cuidaram de mim. Era um período duro de trabalho, mas eu passei uma vida de nababo ao mesmo tempo. Eu descobri uma coisa muito curiosa, que depois constatei que no resto do mundo é bem parecido. É que você tem sempre quem te pague a bebida, raríssimo encontrar alguém que pague comida. Para comida tem que arrumar algum esquema. Eu era de pegar tatuí na praia no fim da tarde. Ia pra lá e "vamos pegar tatuí". Havia muito tatuí em Ipanema naquela época, hoje não há um sequer. Pegava aquilo e ia cozinhar na casa de alguém. Claro, de preferência de uma moça bonita. Vai fazer tatuí, mas depois apareceram outras coisas. Então jantava na base do tatuí. Eu aprendi a fazer tatuí frito, cozido, patê de tatuí. Tudo inventado. Agora, voltando para o Jorge Sanz. A história é muito engraçada. Ele sempre se dizia um grande amigo do Orson Welles. Mas nunca ninguém sabia se as histórias do Sanz são verdadeiras. E esse grupo de amigos passou a vida querendo pegar o Sanz numa mentira. Porque ele contava muita coisa inverossímil. Se alguém falasse algo do Brecht, ele dizia que tinha estado com Brecht. Se falava do Rossellini, dizia que era amigo dele, que tomavam junto café não-sei-onde. Aquelas histórias de sempre.

< Recém-chegado ao Brasil, 1958

Ruy em encontro de cineastas brasileiros para a TV Francesa, 1966

Um dia, estávamos lá na casa do Freddy Ribeiro, e alguém teve a triste ideia de que queria comer arenques. O Sanz logo respondeu: "Não pode, arenques só do Báltico. O resto é uma porcaria". O cara insistiu, disse que iria para uma dessas lojas que ficam abertas de noite inteira comprar arenques. Coisa de bêbados. O Sanz foi contundente: "Eu, como seu amigo, o impeço de comprar um arenque qualquer. Se você faz questão mesmo de comer arenques hoje, eu posso ir pegar em casa uns arenques do Báltico que o Orson Welles mandou". Todo mundo se animou. Mas daí, ele já começou com um papo de que tinha pensado melhor e não dava para pegar os arenques, porque estava na casa da Luiza, a mulher dele, e estavam brigados.

Naquele momento, não tinha mais escapatória: o pessoal sabia que era a chance de pegar o Sanz na mentira. Queriam ver os arenques, queriam ver a carta do Welles. O Sanz tentando escapar de qualquer forma, mas o pessoal estava irredutível. Daí, decidimos acompanhá-lo até o Flamengo, onde ficava a casa da Luiza. Isso já devia ser cinco da manhã, quase amanhecendo. Fomos lá, ele entrou sorrateiro com aquele grupo de bêbados na cozinha, abriu a geladeira, e realmente estavam lá os arenques do Báltico. Nunca saberemos se foi o Orson Welles que mandou para ele ou não, mas que os arenques existiam, existiam.

Então foi o Jorge Sanz que o apresentou para a turma do cinema?

Para algumas pessoas, mas não propriamente para todos. Foi caso a caso. Ele me apresentou alguns cineastas, outros eu fui conhecendo por diferentes meios. O Alex Viany, com o qual convivi muito, eu fiquei amigo porque a gente gostava de jogar king. É um jogo complexo, cheio de regras. Hoje não teria memória para isso, mas jogava bem na época. Eu e o Viany sempre nos encontrávamos para jogar king, junto com a Tati, que foi a primeira esposa do Vinicius de Moraes. Uma mulher notável, aliás. Dizem que o Vinicius foi a vida inteira apaixonado por ela.

Mais do que o pessoal do cinema, eu me entrosei do pessoal da música. Quando cheguei ao Brasil, era o começo da bossa nova. Teve uma época que eu frequentei todas as noites a casa do Luizinho Eça, no Leblon. Fiquei amigo do Baden, fiquei muito amigo do Carlinhos Lyra, que tinha a minha idade e também era politizado. Ele estava no Centro Popular de Cultura da União Nacional dos Estudantes (CPC-UNE) na época, então tinha uma atuação política forte. Era com essa turma que eu andava mais.

O Tom Jobim era aquela figura encantadora. Eu fiz a minha primeira música com ele, embora nenhum dos dois tenha assinado. Foi para o filme _Orfeu no Carnaval_, do Marcel Camus, inspirado na peça de teatro do Tom e do Vinicius. Como eu tinha meu passado na França e falava bem francês, fui convidado para ser assistente de direção do filme, mas como estava com o projeto do Osvaldo Orico no Pará não pude aceitar. De qualquer forma, ajudava sempre que possível. E, numa dessas, o Luiz Bonfá fez uma música para o filme com letra do Antônio Maria. A canção se chamava "Manhã de

Carnaval", mas a letra não servia para o que o Camus precisava. Musical-
mente, ele achava lindo, mas a letra não cabia. Eu fui encarregado da triste
função de convencer o Antônio Maria de refazer a letra. Ele não queria de
jeito nenhum.

Eu fui encontrar o Antônio Maria e ele deixou claro que não iria mais fazer
nada para aquela música. Mas disse que se a gente podia mexer à vontade na letra. E disse para eu escrever a nova letra, aproveitando a primeira
parte da música. Daí, passei algumas noites com o Tom, ele tocando violão
e eu refazendo a letra. Foi gravada, o princípio e o fim com a letra do Antônio Maria e a parte central feita por mim. Só que a música era do Bonfá,
então o Tom não ia assinar. Eu também me recusei a assinar, achei que era
indevido. Então eu e o Tom ficamos parceiros de uma música que nenhum
de nós assinou.

É interessante, porque você teve
uma vida boêmia, de aventuras,
mas também produziu muito. Como
é isso? Você tinha um horário
para escrever, para trabalhar? Tem algum
hábito para isso ou é conforme
a necessidade?

Eu fui um preguiçoso a vida inteira. Produzi muito porque durei muito. Eu
sempre achei que aproveitei muito mal o meu tempo. A imagem que eu
tenho de mim é de ser muito preguiçoso. Talvez isso passe pelo lado cruel
do cinema, onde cada projeto demora muito para sair. Se tiver sorte, um ou
dois anos. Nesse meio tempo você tem que fazer outras coisas para sobreviver e para poder se suportar. Porque você está fazendo um filme e tem
tempos mortos muito grandes. E tem uma particularidade minha, porque
o meu processo criativo é muito lento. Muito reflexivo. Eu preciso de muito
tempo refletindo para criar alguma coisa concreta. No meu processo, eu
preciso descobrir uma coisa de cada vez, sabe? E essa coisa que tenho que
descobrir não é espontânea.

*Mas, ao mesmo tempo, tenho visto
o seu trabalho na finalização do roteiro
do seu novo filme,* A Fúria, *e me parece
um trabalho obsessivo, um mergulho
muito intenso. Tem uma hora que você fica
obcecado pelo o que está fazendo?*

Fico. Fico obcecado pelas coisas. No caso do roteiro que estamos fechando, eu fiz uma primeira versão com um amigo meu, o Leandro Saraiva, que com a pandemia acabou ficando preso em São Carlos, onde trabalha na universidade. Ficamos três meses mergulhados na primeira versão do roteiro. E ainda por cima o ator para quem estávamos construindo o personagem central, o Nelson Xavier, morreu. Então, a gente está com uma história longa que precisa ser refeita, reduzida. É um trabalho brutal.

O meu pai tinha uma frase que eu gosto muito. Só depois passei a compreender porque eu gosto tanto dessa frase. O meu pai dizia assim: "Fazer e desfazer, tudo é fazer". Eu adorava essa frase que eu aprendi com ele. "Fazer e desfazer, tudo é fazer". E é isso. Mas o problema é que o desfazer e o outro fazer do desfazer, essa passagem do feito para o outro feito passando pelo desfeito é cruel. Você perde os parâmetros, você não tem e precisa de recuo. Eu preciso de recuo. Deixar repousar, ver se vem alguma coisa nova.

Os processos criativos são fascinantes. Esse é o lado que me encanta do nó borromeano. Esse conjunto que tem sobreposição do real, do imaginário e do simbólico e também do que não pode ser dito, do indizível. Há, de fato, uma dinâmica nessa relação que lida com o nível de consciência e de inconsciente. No consciente, porque você sabe, quando está fazendo aquilo, que aquilo tem aquela finalidade e que você vai obter aquele resultado. Só que o resultado nunca se obtém da maneira pensada, porque há sempre uma possibilidade outra. Há um grau de inconsciente em todo processo criativo.

Já me ocorreu muitas vezes eu descobrir que estou, num determinado período, usando uma espécie de pauta de palavras, que sao aquelas que me habitam. E que as primeiras palavras que vêm para cada processo ou ideia que crio são aquelas. São palavras que funcionam, que são boas, às quais eu me afeiçoei. Mas que, ao mesmo tempo, eu estou preso a essas palavras. E às vezes eu vou ler o dicionário, porque percebo que há um universo de signos, de palavras, que podem me levar a lugares que não conheço. E que estou acomodado em algumas palavras. Mas quando uma palavra é nova é muito duro, porque ela traz uma carga de novidade e estranheza que não sei analisar se é boa ou ruim.

O Jorge Luis Borges diz que "cada palavra é uma metáfora morta". Porque metáfora nos transporta de um lugar para outro. E a palavra em si já é uma metáfora, não é? As palavras carregam os seus sons e sentidos, mas também o que transportam do objeto. "Catatua" é uma palavra bonita. Já "papagaio" é uma palavra engraçada. Até mesmo porque o papagaio em si é engraçado. Quando você pega a palavra papagaio, não é à toa que ela é papagaio, que ela é engraçada. É porque o papagaio que é engraçado. Você não podia chamar papagaio de "solidão". "Tem uma solidão lá em casa que diz coisas muito engraçadas". Aí fica um poema estranho. E é por isso que eu acho tão fascinante descobrir palavras novas, entender como soam e o que trazem em si.

Ruy, você outro dia mencionou uma coisa que tem a ver com isso, que é uma espécie de tratado pessoal sobre o título de uma obra. Como é isso?

Isso foi uma reflexão, porque eu acredito que a gente trabalha nesses processos com uma parte racional e outra parte emocional muito presente. Existe a parte racional, uma série de informações que a gente chama vulgarmente de técnicas. E a parte emocional, que foge à técnica e se encontra na espontaneidade. Uma parte que não é inteiramente codificada. A parte técnica você sabe qual é a trajetória que vai realizar, já a outra parte é mais imponderável.

Faz trinta anos que eu leciono cinema, e muitas vezes os meus alunos perguntam como escolher um título. Eu comecei a perceber que, para mim, um título precisa responder a uma série de questões. Ele precisa atrair, levar o público para a obra, ser instigante. Mas não pode também encerrar em si toda a obra. Não pode a explicar. Portanto, um bom título tem que ter uma coisa apriorística, de atrair para a obra, e outra a posteriori, de dialogar com a obra, a potencializando, não a definindo. Tem que compreender até um certo nível que não seja de esgotamento de ter explicado tudo. Deixar a margem de indefinição aberta para não guardar, meter dentro do caixote, pregar e jogar aí para um quarto de guardados. Não é isso. Então, um título tem uma série de nuances.

É bom que o título chame a atenção para a obra, perpasse de vez em quando na tua cabeça como uma coisa que está te ajudando a compreender, mas não pode explicar a totalidade. Até porque nada na totalidade se explica. Mas uma pseudo totalidade é dizer "agora eu sei o que é isso". Não, a obra de arte não pode chegar ao seu fim nunca, senão deixou de ser. É isso que é difícil na obra, ela nunca pode chegar à exaustão. No entanto, se podia defender a tese que a exaustão numa obra seria o máximo que ela poderia atingir da sua capacidade de comunicação, o que seria também a sua auto-destruição. Quando a obra se destrói totalmente, ela atinge a sua capacidade, porque passa a viver no imaginário.

Eu sempre penso que para ser artista é preciso também ter um grau de inconsciência. O que dá força é não perceber totalmente o que está fazendo. Se você percebe totalmente o que está fazendo, você sucumbe.

*Entrevista realizada por Sergio Cohn e Adilson Mendes,
entre julho e agosto de 2021, no apartamento de Ruy Guerra
em Laranjeiras, Rio de Janeiro.*

REALIDADE, IMAGINÁRIO E SIMBOLO NO CINEMA DE RUY GUERRA

Por Sergio Cohn

Quando cheguei no Brasil, no exato dia 9 de julho de 1958, ocupei na primeira noite uma vaga no térreo de uma pequena pensão na rua do Catete. Fazia um calor insuportável. Pela janela aberta a uma improvável brisa, exigência dos meus desconhecidos companheiros de quarto, fiquei olhando o bonde passar estrondosamente sobre a minha cabeça, com seus tardios viajantes ao alcance da mão.

Horas antes, o voo da Panair do Brasil, de Paris, tinha aterrisado em Recife. Era apenas mais uma escala técnica e não tínhamos sido autorizados a descer. Mas quando a porta do avião se abriu, junto com o cheiro morno e adocicado dos trópicos da minha infância, o primeiro a surgir foi um negro, um dos encarregados da limpeza. Ele me sorriu, sem motivo, e eu soube que algo começava ali, naquele despropositado sorriso amigo, lambuzado de manga. Eu não sabia o quê – tudo era muito novo e confuso. Eu era um incauto jovem com uns tostões no bolso, uma passagem de regresso e muitos sonhos. Como não sabia, quando meses depois queimei por uns trocados o bilhete de volta à Europa, que estava marcando de forma determinante o meu destino.

Só soube muito mais tarde que me havia encontrado a mim mesmo, com as minhas contradições, naquele simples sorriso.

Assim Ruy Guerra relembrou, 40 anos depois, a sua chegada ao país, numa crônica sugestivamente intitulada "Um cheiro de manga". Um cheiro tropical, que lhe trouxe a forte memória da sua terra natal, uma Moçambique que, como ele ressalta, sempre guardou forte relação com o Brasil, até mais do que com a metrópole portuguesa:

Moçambique é um Brasil potencial: o mesmo clima, a mesma etnia, a mesma formação de negros e brancos, o mesmo subdesenvolvimento. Lemos os clássicos portugueses como estudo, como formação, mas como coisa exterior, análoga à leitura de Molière ou de Schiller, enquanto lemos os autores brasileiros, os romancistas Jorge Amado ou Graciliano Ramos, os poetas, como se eles fossem moçambicanos. É verdadeiramente uma realidade que nos é bem familiar. O que existia entre as colônias africanas e Portugal era a dependência econômica, a mesma nacionalidade, a exploração das colônias pela metrópole. Existem ligações econômicas bem fechadas, mas no nível cultural, estamos mais próximos do Brasil. Em Moçambique, como em Angola, lemos os periódicos semanais brasileiros, as revistas brasileiras. Quando cheguei ao Brasil, eu conhecia os antigos sambas de carnaval tão bem como os meus amigos brasileiros.

A volta aos trópicos foi precedida por uma temporada na Europa, onde se formou no IDHEC, o instituto de estudos cinematográficos de Paris, o que permitiu a Ruy o conhecimento técnico e da história do cinema:

Quase todo mundo faz grandes reparos ao IDHEC: isso é compreensível se se vislumbra esse instituto como uma escola que pode dar uma formação total, absoluta, mas não é em Belas Artes que alguém se torna Van Gogh. De qualquer forma, para mim, que não conhecia nada de técnica, salvo o que eu tinha apreendido de maneira autodidata lendo livros, o aporte foi imprescindível. A gente tinha um ensino sistemático no plano da técnica: eu fiz montagem, eu aprendi regras de decupagem – a gente não as utiliza, mas a gente sabe porque não as utiliza. Principalmente, durante dois anos, o que foi muito bom para mim foi o contato, a troca permanente de ideias com 40 estudantes de todas as nacionalidades que se interessam pelo cinema. Eu guardo uma excelente lembrança daquele período.

Ao sentir novamente o cheiro de manga, o ainda aspirante a cineasta era um jovem prestes a completar 27 anos. Nascido em Lourenço Marques (atual Maputo), a capital de Moçambique, em 22 de agosto de 1931, Ruy Alexandre Guerra Coelho Pereira, ao pisar em solo brasileiro, trazia em seu currículo apenas um curta-metragem de conclusão de curso, *Quand Le Soleil Dort*, adaptação do romance italiano de Elio Vittorini, *Homens e Só*, além da atuação no filme *SOS Noronha*, de Georges Rouquier. Trazia também a proposta de desenvolver o tema de um projeto de filme que estava realizando com o colega Pierre Pelegri, *Joana*. O

Ruy na filmagem de "Os Mendigos", de Flávio Migliaccio, 1962

convite, feito pela atriz e cantora brasileira Vanja Orico, conhecida por sua interpretação da canção "Mulher Rendeira" no filme *O Cangaceiro*, de Lima Barreto, e com quem Ruy havia contracenado em *SOS Noronha*, numa se concretizou, mas permitiu a sua vinda ao país.

Em entrevista para Jean Gilli, publicada na revista *Etudes Cinématographiques*, de 1972, em edição dedicada ao cinema novo brasileiro, Ruy relembrou da trama do projeto de longa-metragem:

> *A história de "Joana" se apoiava em um mito brasileiro: na Amazônia, diz-se que as crianças ilegítimas são filhas de um boto que, todas as noites, sai da água, se transforma em um belo homem e seduz as mulheres. Essa história está tão enraizada nos mitos brasileiros que existem mulheres que acreditam nela verdadeiramente. É uma defesa – por tão paradoxal que isso possa parecer – diante do pecado. Quando uma mulher, mesmo casada, afirma "este filho é meu, mas ele é filho do boto", isso é uma espécie de defesa no interior dela mesma em relação ao pecado. Como no Brasil a virgindade é um grande tabu, Joana era justamente a história de uma moça que se deixa seduzir pelo filho de um grande proprietário. Ela é rejeitada por sua família por causa do pecado e, na sua loucura, acredita realmente ter tido um filho do boto. Toda a história está ligada à mística popular e aos temas religiosos.*

Com a interrupção abrupta do projeto do filme, Ruy foi atrás de outras possibilidades de trabalho cinematográfico no Brasil. Carlinhos Niemeyer, o sobrinho do célebre arquiteto criador de Brasília, foi um importante produtor de cinema, que anos depois criaria o "Canal 100", o cinejornal sobre futebol brasileiro, conhecido pelo inovador trabalho visual, com longos planos em câmera lenta, realizados pelo fotógrafo Fernando Torturra. Niemeyer chamou Ruy Guerra para criar uma pequena equipe na sua produtora, para fazer curtas-metragens por encomendas. O primeiro deles foi *Orós*, um registro da construção de uma barragem no Nordeste brasileiro. Embora com todas as dificuldades técnicas e sem ter sido lançado comercialmente, *Orós* teve a importância de apresentar para Ruy o polígono da seca do Sertão nordestino.

Ainda naquela época, Ruy realizou outro projeto inacabado para Niemeyer: o média-metragem *O Cavalo de Oxumaré*. O filme trouxe a aproximação com o ator e escritor Miguel Torres, que Ruy havia conhecido durante a seleção de elenco para *Joana*. Na entrevista para Gilli, Ruy relembra a parceria com Miguel, que infelizmente faleceu precocemente, num acidente de jipe no interior da Paraíba, no último dia do ano de 1962:

> *Miguel Torres era um antigo marinheiro, um rádio-telegrafista; ele se tornou ator e depois, como a profissão de ator não o interessava, se pôs a escrever. Particularmente, escreveu um belíssimo roteiro, infeliz-*

Ruy e Miguel Torres, anos 1960

mente muito mal realizado, Três Cabras de Lampião. Torres era um dos melhores conhecedores do Nordeste brasileiro. Ele nasceu lá, estudava muito essa região e a frequentava regularmente. Além disso, era um homem de grande sensibilidade no nível da linguagem, tinha uma acuidade muito grande e um sentido de observação surpreendente.

Nos tornamos amigos quando da preparação de O Cavalo de Oxumaré, e eu propus a ele que escrevêssemos juntos o roteiro. Ele não conhecia bem o ritual do candomblé, mas começamos o trabalho, estudamos durante quase um ano os candomblés e as diversas implicações africanas, estudamos os trabalhos que existiam a respeito, Pierre Verger, passando pelos grandes especialistas brasileiros, os antropólogos. Escrevemos então uma história que tratava de uma cerimônia de candomblé, o rito de iniciação de uma mulher branca que ama um negro e que, para recusar esse negro, já que ela receava ter um filho mestiço e as implicações raciais que isso poderia lhe trazer, ela imagina se oferecer a Deus, mas Deus escolheu santos negros.

As filmagens de *O Cavalo de Oxumaré* pararam no meio do caminho, por dificuldades internas. Com a não finalização do filme, Ruy decidiu que precisava criar projetos próprios. Aquele começo de década de 1960 era um período difícil para a realização de filmes no país, então seria necessário buscar soluções originais de produção. Poucos cineastas conseguiam filmar, para além das chanchadas que dominavam os cinemas nacionais, realizadas pelas companhias Atlântida e Herbert Richers. Foi em resposta a esse domínio que Ruy decidiu que precisava realizar um projeto que fosse na contracorrente das chanchadas, mas que mesmo assim mantivesse o apelo do grande público.

Para realizar o filme, surgiu a proposta de se criar uma cooperativa, formada por Ruy Guerra e Miguel Torres, além dos atores Norma Benguell e Jece Valadão e do cineasta Gerson Tavares, que havia estudado no Centro Sperimentale di Roma e possuía equipamento cinematográfico para alugar. Jece Valadão, que havia atuado em *Rio 40 Graus*, de Nelson Pereira dos Santos, se tornou reconhecido por seus papéis de malvado no cinema brasileiro. Era também, ao lado de Carlinhos Niemeyer, um dos membros do Clube dos Cafajestes, o grupo de jovens bon-vivants que fez fama nos carnavais e na boemia carioca dos anos 1950. *Os Cafajestes*, aliás, era o nome do filme que começaram a preparar, com história original e roteiro escrito por Ruy, novamente em parceria com Miguel Torres. Segundo Ruy,

> *A trama é sobre uma tentativa de chantagem que não dá certo. Um dos caras, interpretado por Jece Valadão, pertence ao proletariado urbano e é um típico "cafajeste", anda por aí num carro americano emprestado, para que possa, ao menos, fingir que é algo melhor. Precisa de um carro como um símbolo de status para sua negociação como chantageador. Os "cafajestes", em certo momento, eram quase um grupo com seus códigos particulares de comportamento, vestimentas, lugares por onde saíam no Rio de Janeiro. O interessante é que, do ponto de vista sociológico, suas origens eram muito heterogêneas: havia jovens rufiões e vagabundos, sem emprego regular, havia criminosos profissionais, cafetões, mas também milionários, playboys, filhos da alta burguesia. A maioria destes caras era muito bonita e tinha, de qualquer jeito, chance com as mulheres, mas habitualmente as namorava só pela diversão de humilhá-las na frente da sua gangue. Um "cafajeste" é obstinado, no sentido de que sua chantagem funcione porque quer comprar um carro, para que consiga misturar-se com a sociedade educada e não ter mais que sair só pelos botecos. Para ele, o carro é uma forma de alpinismo social.*

O elenco do longa-metragem contava com Jece Valadão, no papel de Jandir, "um personagem das praias cariocas, um homem que vive de calção de banho porque é bem constituído de corpo, bastante bonito, que se deita com homossexuais e joga charme para cima das mulheres", Daniel Filho, no papel de Vavá, o seu parceiro de golpes, "um fraco que vem de um meio social diferente, a burguesia, e obviamente admira a impiedade casual do outro homem e o acompanha", Norma Benguell, no papel de Leda, "a contrapartida ideal do 'cafajeste', que conseguiu o seu objetivo, ao se tornar a amante de um rico burguês, seu 'tio'", e Lucy Carvalho no papel de sua prima Vilma, "uma garota protegida, mas com um gosto para a aventura".

Segundo Ruy, outro elemento importante para a trama é a praia: "Temos que ter em mente o papel da praia nestes círculos. A praia é imensamente democratizante. O povo vai para a praia de manhã e fica até o cair da noite. Não é segregado, é aberto e acessível para todos". É neste ambiente que ocorre a trama, com Vavá apresentando para seu amigo Jandir as suas primas, Leda e Vilma, para darem um golpe nelas. O enredo se passa em Copacabana e Cabo Frio, em pouco mais de um dia na vida dos personagens. A ideia dos personagens é fotografá-las em situações comprometedoras, para depois chantagear o amante rico de Leda. A arma dos "cafajestes" para isso é a câmera, numa referência dialógica com o próprio cinema.

Mas, com o desenrolar da história, há desdobramentos e inversões, como explica o diretor: "Os homens tomam a iniciativa, por assim dizer. São agressores. Mas ao longo do percurso são expostos pelas mulheres, que são mais fortes moralmente e emocionalmente. Mesmo enquanto as mulheres são vítimas, desmascaram os homens no seu processo de vitimização, e isso usualmente define a relação psicológica entre os sexos".

O longa-metragem, lançado em 1962, se tornou um clássico do Cinema Novo, reconhecido não apenas pela impactante sequência em que Norma Benguell aparece nua na praia, mas também pelas inovações de linguagem que trazia para o cinema brasileiro. A primeira delas foi o uso primoroso da linguagem coloquial:

> *O Miguel Torres desempenhou um grande papel neste sentido, já que conhecia muito bem a linguagem coloquial. Eu tenho uma educação auditiva muito grande e pude aprender rapidamente o jeito carioca de falar, fazia já três anos que eu estava no Rio de Janeiro. Miguel e eu trabalhamos muito nesse sentido e nos demos conta também da forma de viver dos personagens. Há também, em "Os Cafajestes", uma coisa que eu desenvolvi bastante nos projetos futuros, que me interessava muito: trazer partes inteiras documentais com comentários em voz off sobre os personagens. Eu queria que o filme tivesse esse tom: olhar a realidade no nível da informação a mais direta.*

Essa interpenetração entre gêneros realmente acompanhará os filmes de Ruy, criando, segundo Raquel Schefer, "uma dialética, sem conciliação, entre os sistemas de representação do documentário e da ficção": "Para Guerra, "não há diferença entre o documentário e a ficção". O realizador sublinha, desta maneira, o laço ontológico entre o "real" e a imagem cinematográfica, afirmando, ao mesmo tempo, a presença frente ao medium de uma matéria viva e irredutível ao cinema. O princípio de equivalência entre os gêneros toma a forma de uma tensão entre a base semântica da ação e uma dimensão que deriva do conteúdo do filme." Este entrelaçamento também está presente em outro procedimento utilizado por Ruy no filme, o plano-sequência, do qual foi um dos precursores no cinema brasileiro. Segundo o crítico Ismail Xavier,

O procedimento do plano-sequência marcou encontro com formas de teatro e de presença diante da câmera, que tanto podiam confirmar a "vocação realista" proclamada por André Bazin quanto podia instalar uma franca ruptura com o ilusionismo. O que se colocou em pauta é uma estrutura em que o plano-sequência ensejou uma teatralização que sugeria a dimensão alegórica do que se via e ouvia, ao mesmo tempo que se articulava com estilos opostos: da composição calculada tendente ao geométrico aos transbordamentos de uma tendência expressiva de rédea solta.

Os Cafajestes chamou a atenção para o cinema brasileiro, de um lado pelo trabalho inovador e de alta qualidade com a linguagem cinematográfica, mas também pela provocação comportamental, marcada pela longa sequência de nudez de Norma Benguel na praia. A resistência veio por toda a parte: a igreja, o exército, a polícia, todos atuaram para evitar a difusão do longa-metragem. Houve até críticos que exigiam nos jornais uma intervenção das Forças Armadas para vetar o filme, que chegou a ser retirado de cartaz por dez dias.

De todos os participantes no filme, foi Norma Benguell que pagou o preço mais alto por sua corajosa atuação. Viu o seu relacionamento amoroso ser rompido por conta da repercussão, tendo que se separar do homem que ela vivia, e, mesmo alguns anos depois, ao ir filmar outro projeto em Minas Gerais, foi ameaçada de ser expulsa da cidade e enfrentou marchas de mulheres contra a sua presença.

A longa sequência de nudez de Leda na praia é uma das mais conhecidas do cinema brasileiro. Ela começa com Jandir a beijando e convencendo a entrar no mar. Leda reluta, por estar sem maiô, mas acaba convencida. Enquanto ela caminha para a água, Jandir recolhe as suas roupas e coloca dentro do carro, dando partida. Então, o corpo nu de Leda é exibido numa longa tomada, enquanto ela corre atrás do carro. É um plano aberto, onde a atriz corre em direção da câmera, que se afasta num travelling off, enquanto tenta esconder a nudez com as mãos. O movimento da câmera é oscilatório, com enquadramentos assimétricos.

Ao fim, Leda cai e a câmera se afasta, seguindo o movimento do carro. A cena seguinte a enquadra lateralmente, deitada de bruços na areia. Leda se levanta,

de costas para a câmera. Ela se desloca para fora do quadro, enquanto o carro se aproxima do primeiro plano. Acontece então um longo plano-sequência da câmera girando em torno do corpo nu de Leda, do ponto de vista do carro. O plano-sequência é finalizado com uma fotografia estática de Leda, com os braços estendidos em direção à câmera, em um gesto de súplica. A longa sequência possui, ao mesmo tempo, grande intensidade dramática e tom provocativo, ao permitir, de forma coerente dentro da trama, mostrar o nu frontal feminino pela primeira vez no cinema brasileiro.

Para driblar a censura, praticamente inevitável para a hoje célebre e seminal sequência de nudez, o diretor utilizou-se de uma estratégia radical, como relembra na entrevista para Gilli:

> *Até Godard atentou para esta sequência e sublinhou que era surpreendente poder filmar tal cena. Aliás, eu me colocava o problema sobre a censura brasileira. Para isso, lancei mão de um recurso simples: pensei que se mostrássemos a nudez pela metade, ela não passaria. Era preciso dar uma tal importância à nudez que a censura não saberia mais o que fazer. Foi o que passou. Ou os censores cortavam a sequência como um todo, e não haveria mais filme, ou eles deixariam tudo passar, porque não poderiam sugerir nenhum corte no interior da sequência. Apenas um plano durava quatro minutos e meio. A sequência inteira deve durar, não me lembro mais exatamente, mas algo em torno de sete minutos.*

A crítica, não apenas a local, mas também a internacional, imediatamente percebeu estar frente a um fato novo no cinema brasileiro. A repercussão foi imediata, trazendo para o seu realizador a possibilidade de propor novos projetos. E também em encontrar um grupo de jovens cineastas dispostos a pensar uma renovação na linguagem cinematográfica. Um dos autores que mergulhou sobre a obra foi o jovem Rogério Sganzerla, então crítico de cinema do prestigioso *Suplemento Literário do Estado de S. Paulo*. Segundo Sganzerla, o filme de Ruy Guerra é estruturalmente um "instante de tragédia", marcado por uma forma cíclica. Mas pondera:

A tragédia captada por Os Cafajestes é fragmentária (não é explicada nem delimitada), mas Ruy Guerra tira proveito disso. Sendo fragmentária, comporta a dúvida; assim, o fatalismo torna-se dinâmico e perde o caráter estático que permite a previsão "do que vai acontecer". Trata-se de uma projeção criativa da tragédia, permitindo dramatizações secundárias, e Os Cafajestes é um filme totalmente insinuante na matéria dramática. Exige, pois, soluções dúbias, incompletas e fragmentárias, não definitivas e tão hesitantes como o próprio comportamento de Jandir. As soluções finais da história são não-soluções, principalmente o desenlace Vilma-Vavá, completamente impreciso mas rico em insinuações. O que leva a crer que o comportamento das personagens, e as próprias personagens, não têm vida, não têm presença dramática, são apenas hipóteses materializadas em corpos humanos. Hipóteses não solucionadas, e isto é mais uma razão para que se conclua que Os Cafajestes são uma concretização da consciência de seus personagens.

O caráter de renovação do filme de Ruy ficou evidente na época. O poeta e crítico José Lino Grunewald escreveu:

> *Os Cafajestes, com a exceção, na época, de Limite e possivelmente uma ou outra experiência desconhecida para nós, é o primeiro filme de vanguarda realizado no Brasil. O primeiro filme nosso a se colocar, radicalmente, numa linha moderna da invenção, em termos de reformulação estrutural. É quando o cinema envida inaugurar uma linguagem autônoma, dentro de sua própria vivência formativa, sem alienar os seus elementos válidos em favor da organização, análoga à discursiva, de uma história que remete, conceitualmente, a uma experiência anterior ao filme em si, já filtrada na memória e racionalização pelo intelecto, segundo o método de uma lógica dedutiva. Trata-se da independência que buscam alguns cineastas básicos da atualidade, como Resnais, Antonioni, Godard, Rouch.*

Ao criar uma obra que traz uma modernização temática, comportamental e de linguagem, Ruy Guerra se tornou uma evidência no cinema brasileiro de então, o que permitiu que se propusesse a um salto ainda mais amplo no seu filme seguinte. Para isso, Ruy decidiu retomar um antigo projeto, criado ainda quando morava na Europa, denominado *Os Fuzis*. Antes mesmo de morar no Brasil, Ruy já havia tentado realizar o filme por duas vezes, primeiro na Espanha e depois na Grécia, mas sem sucesso. Agora, via uma possibilidade de realização, através do trato com um produtor brasileiro:

> *Eu tive dificuldades em montar um projeto seguinte ao meu primeiro filme, e só consegui graças a um comportamento um pouco durão. Depois de Os Cafajestes, me ofereceram uma porção de filmes que eram exatamente a continuidade, Os Cafajestes Rides Again. Eu não queria fazer outro filme naquele gênero, porque Os Cafajestes tinha um propósito bem definido, mostrar que se podia fazer filmes que não fossem chanchadas. Era um filme que eu amava e ainda amo, mas ele não representava uma linha que eu gostaria de seguir de maneira constante: eu queria fazer alguma coisa verdadeiramente diferente, algo como Os Fuzis.*
>
> *Um produtor, Jarbas Barbosa, me propôs uma história que se passava no Rio de Janeiro, uma história muito sentimental, extraída de um romance de sucesso, Um Ramo Para Luísa, de José Condé. Eu não queria adaptar essa história, mas o produtor insistia tanto que aceitei, com a condição que depois desse filme eu poderia filmar Os Fuzis. Eu cheguei até a conseguir que, caso não pudéssemos fazer esse filme, passaríamos imediatamente à realização de Os Fuzis.*
>
> *Eu sabia que os direitos do romance pertenciam a um amigo, Fernando Amaral. Consegui encontrar com ele antes do produtor e pedi que não cedesse os direitos a Jarbas Barbosa. Amaral, que esperava realizar o filme ele mesmo, aceitou de bom grado e recusou a cessão de direitos a Jarbas. Eu pude então persuadir meu produtor. Já que não podíamos filmar Um Ramo Para Luísa, era inútil buscar um outro tema e o melhor era mesmo fazer Os Fuzis imediatamente. Foi assim que pude realizar esse filme.*

Ruy dirigindo "Os Fuzis", 1964

MATRIZ
.DE BRA

Os Fuzis conta a história de um vilarejo no interior da Bahia, onde uma companhia de soldados tenta impedir que a população faminta saqueie os depósitos de alimentos, enquanto espera que se cumpra a promessa de chuva profetizada por um beato e o seu boi santo. Um motorista de caminhão, de passagem pelo vilarejo, incita a população e acaba morto pelos soldados.

Pensado originalmente para cenário europeu, o primeiro desafio de Ruy Guerra para realização do filme foi adaptar a trama para o contexto brasileiro:

> *Na Europa, a história se passava no inverno, na neve. Um pequeno vilarejo em que, em todos os invernos, os lobos desciam das montanhas e assolavam uma população indefesa: os habitantes não tinham armas porque dez anos antes tinha acontecido uma revolução civil e as armas haviam sido confiscadas. Os fuzis adquiriram assim um sentido mítico. Essa história era fabulosa.*
>
> *No Brasil, eu percebi que a situação centrada no grupo de soldados em um vilarejo poderia provocar, em um contexto completamente diferente, algo de interessante. Eu pensei rapidamente que, já que não havia lobos, a adaptação deveria resolver dois problemas de base. O filme tal qual foi concebido na Espanha ou na Grécia tinha muito mais um caráter antimilitarista do que outra coisa.*
>
> *A primeira dificuldade era substituir os lobos e encontrar um equivalente a esse perigo externo: rapidamente, pensei que os famintos eram lobos muito mais interessantes, muito mais humanos, se podemos dizer assim, e isso estabelecia um conflito interior muito mais rico.*
>
> *A segunda dificuldade era que as armas não poderiam mais ter um sentido mítico: no Brasil, as armas são uma coisa comum, elas fazem parte dos costumes, sobretudo no interior do país. Além disso, tentei relacionar os personagens a culturas bem específicas: fui à Bahia e atravessei as regiões do interior, falei com muita gente, personagens bem diversos, pois há uma grande diferença entre a cultura litorânea e a cultura do interior, a cultura do Sertão.*
>
> *E, depois, em relação aos lobos, que eram apenas um elemento exterior, era preciso que os famintos não fossem simplesmente um dado*

superficial da história. Tentei ir mais fundo e descobrir as razões do comportamento dos personagens, principalmente a dimensão religiosa. Na primeira versão, era suficiente que houvesse neve e que os lobos descessem da montanha. No Brasil, não era suficiente que houvesse a fome, porque os famintos eram seres humanos e era preciso aprofundar suas características: assim, pouco a pouco, se desenvolveu a nova dimensão do roteiro.

Assim, no Brasil, a história é muito mais ancorada no real. Na Grécia, em certo nível, a história era uma espécie de fábula.

A filmagem de *Os Fuzis* foi marcada por diversos problemas. Durante a preparação das locações, Miguel Torres faleceu, o que atrasou por um ano o processo de realização do filme. No fim, foram longos quatro meses e meio mergulhados numa pequena cidade nordestina, para a realização do filme. Um processo árduo e complexo, para lidar com as dificuldades estruturais e de contexto, o que gerou diversos problemas, como doenças na equipe, chuvas e incidentes diversos na produção. Mas esta longa estadia foi fundamental, pelo papel central da locação na estrutura do filme: "Na cena de amor de *Os Fuzis*, os muros, sua cor, sua matéria, são tão importantes quanto as personagens e seus atos, as pessoas da vila são inseparáveis do lugar onde vivem".

Importante ressaltar que, naquele momento, outros dois filmes emblemáticos do Cinema Novo estavam sendo realizados no Sertão, embora com abordagens muito diversas, como pontua Ruy:

> *Na época, foram feitos três filmes sobre o sertão. Nelson Pereira dos Santos estava filmando* Vidas Secas, Glauber Rocha, Deus e o Diabo na Terra do Sol, *e eu,* Os Fuzis. *Mas eu acredito que são três filmes muito diferentes. Em um sentido, podemos até considerá-los como complementares. Nelson Pereira tem uma abordagem bem realista e até neorrealista do Sertão e de seus habitantes, seu filme é baseado no romance de Graciliano Ramos, que propunha uma visão bem realista. Glauber faz um filme de síntese, no nível da epopeia, um filme situado na época dos cangaceiros, nos anos 1930, com a diferença histórica que*

isso introduz. E eu fiz um filme contemporâneo, muito mais analítico. Não quero dizer que não há análise em Deus e o Diabo, *nem que em* Os Fuzis *não haja uma espécie de síntese e, em um sentido, uma dimensão épica, mas o eixo de aproximação de um é mais sintético, o outro muito mais analítico. Os personagens de Glauber são quase simbólicos, são personagens míticos, síntese de uma ideia, enquanto que os persona-gens de* Os Fuzis *estão mais ligados a uma experiência cotidiana.*

Os Fuzis é um filme profundamente político, e isso gerou outros problemas na época do lançamento. A montagem foi demorada, até mesmo pelas possibilida-des abertas por a trama não obedecer a uma cronologia fechada, o que permitiu que Ruy experimentasse diferentes ordens e sequências. Assim, quando o filme foi lançado, já havia ocorrido o golpe de Estado de 1964 e o Brasil estava mergu-lhado numa ditadura civil-militar.

De qualquer forma, o filme acabou sendo lançado no Brasil, apenas com os cor-tes do produtor, por conta da excelente repercussão no exterior. A prestigiosa revista *Cahiers du Cinéma* assim noticiou, em artigo de Jacques Doniol-Valcroze, a presença do filme no Festival de Berlim de 1964, onde acabou premiado com o Urso de Prata:

> *Ruy Guerra, jovem brasileiro barbudo como um Fidel Castro, é o autor do filme mais atraente do festival:* Os Fuzis. *Rodado no Nordeste do Brasil, uma das regiões mais pobres do país,* Os Fuzis *é uma sinfonia potente e confusa em que se misturam múltiplos temas: a pobreza, a seca, a fome, as superstições, o charlatão fazedor de chuva, a presença fatal dos soldados, o amor quase selvagem, por fim a morte, cuja amea-ça somente será conjurada com uma outra morte, a do animal sagrado e a partida dos soldados. As imagens arrebatam como uma torrente incontrolável, algumas inesquecíveis: o boi magro no começo da fita, a chegada dos soldados, o cortejo do pregador ambulante, o assassinato do camponês no lugar de sua cabra, a cena de amor, espécie de con-fronto ofegante e doloroso. É inútil buscar uma coerência nesta crônica dramática e passiva em que tudo se bate sem harmonia. Pensamos: um*

A·VOZ DE PIRANGY

pouco de rigor na construção e seria uma obra-prima... Mas a objeção é imediata: o rigor não mataria essa graça primitiva que é o fascínio do filme?

Se o crítico francês ficou em tênue dúvida sobre o caráter de obra-prima do filme, o crítico literário Roberto Schwarz foi contundente, em seu primoroso texto sobre o filme, publicado na revista *Civilização Brasileira*, em 1966:

O filme de Ruy Guerra, que é uma obra-prima, não procura "compreender" a miséria. Pelo contrário, ele a filma como a uma aberração, e dessa distância tira a sua força. À primeira vista é como se de cena em cena alternassem duas fitas incompatíveis: um documentário da seca e da pobreza e um filme de enredo. A diferença é nítida. Depois do boi santo, com seus fiéis, depois da fala do cego e da gritaria mística, a entrada dos soldados, motorizados e falantes, é uma ruptura de estilo. O que não é defeito, como veremos. No documentário, há população local e miséria; no filme de enredo o trabalho é de atores, as figuras são de esfera que não é da fome, há fuzis e caminhões. Na mobilidade facial dos que não passam fome, dos atores, há desejo, medo, tédio, há propósito individual, há a liberdade que não há no rosto opaco dos retirantes. Quando o foco passa de uma a outra esfera, altera-se o próprio alcance da imagem: as faces que tem dentro seguem-se outras que não têm; os brutos são para ser olhados, e humanidade, trama ou psicologia, é só nos rostos móveis que se pode ler. Uns são para ver, e outros para compreender. Há convergência, que resta interpretar, entre esta ruptura formal e o tema do filme. O ator está para o figurante como o citadino e a civilização técnica estão para o flagelado, como a possibilidade está para a miséria pré-traçada, como o enredo está para a inércia. É desta codificação que resulta a eficácia visual d'Os Fuzis.
Desde o início, n'Os Fuzis, miséria e civilização técnicas estão consteladas. A primeira é lerda, cheia de despropósito, um agregado de gente indefesa, desqualificada pela mobilidade espiritual e real – os caminhões – da segunda. Embora a miséria apareça muito e com força,

as suas razões não contam; está em relação, e tem sinal negativo. Ao mostrá-la de fora e de frente, o filme se recusa a ver nela mais do que anacronismo e inadequação. Essa distância é o contrário da filantropia: aquém da transformação não há humanidade possível; ou, na perspectiva da trama: aquém da transformação não há diferença que importe. A massa dos miseráveis fermenta, mas não explode. O que a câmara mostra nas fases abstrusas, ou melhor, o que as torna abstrusas, é a ausência da explosão, o salto que não foi dado. Não há, portanto, enredo. Apenas o peso da presença, remotamente ameaçador. A estrutura política traduziu-se em estrutura artística.

Já os soldados, por contraste, é como se pudessem tudo. Em padrão citadino são homens quaisquer, de classe baixa. No lugar, entretanto, fardados e ateus, vadiam pelas ruas como se fossem deuses – os homens que vieram de fora e de jipe. Falam de mulheres, dão risadas, não dependem do boi santo, é o que basta para que sejam, efetivamente, uma coisa nova. São grandes cenas, em que a sua empáfia recupera, para a nossa experiência, o privilégio de ser "moderno": ser citadino é ser admirável. O mesmo vale para o comerciante e o chofer de caminhão. Os seus atos importam; estão à altura da História, cujas alavancas locais – armazém, fuzis, transporte – afetam. Nestas figuras importa mesmo o que não passe de intenção; a má-vontade dos soldados, por exemplo, faz ver soluções alternativas para o conflito final. Noutras palavras, onde há transformação de destinos conta tudo, e há enredo. Abriu-se um campo de liberdade, em que nos sentimos em casa. A natureza da imagem se transformou. Há psicologia em cada rosto, há senso de justiça e injustiça, destinos individuais e compreensíveis. Os soldados são como nós. Mais, são os nossos emissários no local e, gostemos ou não, a sua prática é a realização de nossa política. É nela que estamos em jogo, muito mais que no sofrimento e na crendice dos flagelados.

Do ponto de vista romanesco, a solução é magistral. Veta o sentimento anódino, obriga ao raciocínio responsável. Concentrando-se nos soldados, que vieram da capital a chamado, para defender um armazém, a trama força a identificação antipática, o auto-conhecimento: entre

FROTA da BOA-FÉ
STRADA.

os famintos e a polícia, a compaixão vai para os primeiros, mas é na segunda que estão os nossos semelhantes. Ao deslocar o centro dramático do retirante para a autoridade, o filme ganha muito, pois torna mais inteligível e articulada a sua matéria. Se na perspectiva da miséria o mundo é uma calamidade homogênea, difusa, em que sol, patrão, polícia e satanás tem parte igual, na perspectiva dos soldados resulta num quadro preciso e transformável: a distância entre os retirantes e a propriedade privada é garantida pelos fuzis, que entretanto poderiam franqueá-la. A imagem, como quer Brecht, é de um mundo modificável: em lugar da injustiça frisam-se as suas condições práticas, o seu fiador. Por força do contexto, os bons sentimentos não se esgotam em simpatia. Onde nos identificamos, desprezamos; de modo que a compaixão passa, necessariamente, pela destruição de nossos emissários e, neles, de uma ordem das coisas.

Após o lançamento de *Os Fuzis*, Ruy Guerra já possuía no seu currículo dois filmes de grande repercussão, o primeiro deles um sucesso de bilheteria, o segundo premiado internacionalmente. Mas possuía também a fama de temperamental, o que talvez explique ter ficado os seis anos seguintes sem lançar outro filme, mesmo com todo o reconhecimento conquistado. A longa (e justa) briga com o produtor de "Os Fuzis", para que esse não cortasse os mais de 30 minutos de filme da cópia lançada comercialmente, certamente não o ajudou a buscar novos investidores para seus projetos. Realmente, a situação não estava fácil para ele: de um lado, o Brasil vivia uma ditadura, ambiente inóspito para um cineasta profundamente político. De outro, rompeu com os parceiros de Cinema Novo, por conta da aproximação destes com um político conservador, Carlos Lacerda, em torno de uma lei de incentivo ao cinema nacional.

Este foi um fato importante na trajetória de Ruy, que segundo Glauber "nunca contemporizou com o Cinema Novo": o famoso episódio CAIC, a Comissão de Auxílio à Indústria Cinematográfica, criada pelo então governador Lacerda para transformar o Rio de Janeiro em um pólo criativo do cinema. Ruy se colocou contra a proposta, o que o levou a brigar com vários contemporâneos, como o próprio Glauber, que na época o acusou de não entender o contexto nacional:

"A condição estrangeira de Ruy não o faz viver o Brasil pelas raízes, correndo o risco das aventuras caseiras... Isso se confirmou várias vezes em suas entrevistas inter/nacionais".

Realmente, Ruy nunca foi de esconder suas posições. A sua célebre entrevista para Jean-André Fieschi e Jean Narboni, para a *Cahiers du Cinéma*, em abril de 1967, já trazia a chamada: "Ele foi o grande ausente na mesa redonda do Cinema Novo (cf. *Cahiers du Cinéma*, n. 176, entrevista com Glauber Rocha, Joaquim Pedro de Andrade, Gustavo Dahl, Cacá Diegues, Paulo César Saraceni, Leon Hirzman e Louis Marcorelles). Ausência ou abstenção, que será explicada um pouco mais à frente em nossa entrevista". No corpo da entrevista, a explicação: "Marcorelles me falou, mas eu não quis ir. Seria filmada na casa do Saraceni e sabia como as coisas iam se passar. Toda cozinha pequena é para um uso puramente interno. Tudo que dissesse teria sido apagado, e não vi interesse em participar".

Não sem antes Ruy explicar, na entrevista, a ruptura estabelecida:

> *No começo, eu realmente pertencia ao grupo do Cinema Novo, estava até dentro do núcleo de pessoas que contribuíram para a sua fundação. No momento de Os Cafajestes, Glauber Rocha, que estava na Bahia, veio ao Rio, um monte de projetos começaram a nascer, trabalhávamos todos juntos. Tinha o Cacá Diegues, Leon Hirszman e gente do Centro Popular de Cultura. Quando ao Nelson Pereira dos Santos, ele já tinha realizado filmes, mas estava com a gente. Em São Paulo, tínhamos Anselmo Duarte e Walter Hugo Khouri, que sempre ficaram à parte.*
>
> *Foi apenas quando voltei da filmagem de Os Fuzis que surgiram pequenos problemas. Sentia que alguma coisa não funcionava mais, sem saber explicar o que era. As pequenas rivalidades pessoais começaram a aparecer, fofocas foram difundidas contra um e outro, mas sempre na esfera individual, ao menos até aquele momento.*
>
> *Foi um pouco depois que as coisas claramente se quebraram de vez. Carlos Lacerda, que era o governador da época, decretou uma lei de auxílio de cinema. De maneira muito sutil e inteligente, pois a lei se mostrava finalmente arbitrária e, no fundo, fascista. Era exatamente aquela do cinema espanhol. Para se alinhar com os cineastas brasileiros, Lacerda começou a distribuir prêmios pagos em espécie para uns e outros, mas o princípio continuava muito falso. Agora todo mundo se deu conta, mas eu tinha percebido de primeira. Aquilo que queríamos era o "adicional", quer dizer, uma porcentagem sobre as receitas e não esta liberalidade arbitrária.*
>
> *Então, imediatamente, tive todo mundo contra mim. O único com quem mantenho contato é com o Leon Hirszman. Me tornei, um pouco, um alvo que devia ser abatido. No dia que apresentei Os Fuzis numa sessão especial, as pessoas da "esquerda pensante" do cinema e do teatro me atacaram violentamente, com exceção daquelas que pertenciam a certo grupo teatral de São Paulo, o Teatro de Arena.*

A ruptura com os diretores do Cinema Novo foi dura, e com consequências não apenas profissionais como pessoais. Principalmente, o rompimento com Glauber Rocha, cineasta com quem Ruy nutria amizade e admiração:

> *Alguém detectou um dia que, nos meus filmes e nos filmes de Glauber, sem que um soubesse do outro, tinham imagens muito iguais.* Deus e o Diabo *começa com a cabeça de uma vaca,* Os Fuzis *termina com a cabeça de uma vaca. Há um filme que o Glauber faz na África, em Moçambique,* O Leão de Sete Cabeças, *em que há pessoas nas árvores, e eu faço aqui* Os Deuses e os Mortos, *em que há uma imagem parecida. Há um lirismo no Glauber que se encontra com meu lado lírico, há um lado exacerbado que se encontra com meu lado exacerbado, há um desespero, porque a gente se encontra no desespero. Eu e o Glauber nos considerávamos como irmãos. Mas depois houve divergências, e grandes divergências. Essa necessidade do Glauber da profecia e do infinito o devora mais do que a mim. O infinito não me seduz, o presente me seduz muito mais.*

Embora realmente Ruy mantivesse uma independência em relação ao núcleo duro dos realizadores do Cinema Novo, não havia como, nos seus dois primeiros filmes, não encontrar pontos de relação com o movimento. Ruy trazia na sua bagagem a experiência do IDHEC, em Paris, o que também o diferenciava em domínio técnico da linguagem. Mas encontrou no Brasil uma expressão que o interessava. O que fez com que percebesse também as diferenças entre os realizadores brasileiros e franceses daquela época, como expõe belamente em entrevista para Roseli Fígaro, em 2002:

> *Os franceses costumam dizer que o Cinema Novo é a Nouvelle Vague brasileira, mas eu considero isso um equívoco. Há um ponto em comum, que é justamente uma postura, digamos, anti-industrial, que no caso da Nouvelle Vague, contrapunha-se à indústria francesa, que esmagava os novos talentos. No Brasil, não havia esta indústria. A única tentativa de indústria já tinha fracassado. No Rio de Janeiro, onde sur-*

**Ruy Batalha, personagem d'A Turma
do Saci Pererê, de Ziraldo, 1965**

giu o Cinema Novo, existia o cinema de chanchada, a Atlântida, mas que não é um cinema industrial.

O Cinema Novo é a criação de um movimento por espaço próprio de produção. Claro que fazia filmes com pequenos orçamentos. Mas sob o ponto de vista político e estético, era completamente diferenciado. A Nouvelle Vague era marcadamente pequeno-burguesa. Pela postura de seus cineastas, pela própria forma de produção, heranças pessoais, dinheiro, só podia fazer aquela produção quem tivesse acesso a um certo prestígio pessoal.

Com relação à temática, e este é justamente o grande pecado da Nouvelle Vague, aburguesou o cinema. O cinema francês tinha uma grande tradição até a Segunda Guerra, havia a presença das coisas populares, de grandes cineastas. Um Marcel Carné, um Jacques Becker, um Jean Renoir, um René Clément. Havia personagens operários, camponeses, marginais, havia a presença do povão.

Com a Nouvelle Vague, nós vimos o cinema do Champs Elysée, um cinema de problemática inteiramente burguesa, não com uma problemática humana e sentimental, mas com temas relativos a triângulos amorosos, sofisticação, a problemas típicos da média e alta burguesia parisiense. Também centralizou o cinema em Paris, deixando de lado a preocupação com as demais regiões da França. Elitizou o cinema francês, que antes tinha sua grande força nas classes operárias.

Já o Cinema Novo é o contrário. Ele vai se voltar para as classes populares. Ideologicamente, pode até ter fracassado neste projeto, pois o sistema de distribuição não permitia acesso à população mais pobre, mas vai se inspirar nesses personagens. Não havia ainda uma grande tradição do cinema brasileiro de temáticas burguesas, pois não havia indústria, mas é só pegar a Vera Cruz para se ver que os filmes geralmente apresentavam temas e personagens que variavam entre os grandes senhores, o poder, os senhores de café. O Cinema Novo não. Os personagens são personagens populares, seja do Nordeste, do Rio de Janeiro, ou seja da própria São Paulo.

*O Cinema Novo tinha como postura representar o país. E o representa-
va conhecendo, olhando para ele, mostrando que o país não é só praias,
mulatas, samba e futebol, que há outras realidades, que é preciso olhar
para elas, é preciso que estas realidades tenham expressão. Ele é um cinema – embora muitos que pertencessem ao Cinema Novo não fossem
voltados para uma prática política, e a maioria não era – nitidamente,
ideologicamente, oposto ao cinema de mentalidade difusa da Nouvelle
Vague. A única coisa que tinham em comum era que os dois se advoga-
vam a não submissão aos meios técnicos. Não deixando de fazer filmes
por falta de recursos. Mais ou menos aquilo que o Glauber expressou
com muita felicidade: 'Uma ideia na cabeça e uma câmera na mão". Isso
também marcou, por exemplo, o García Espinosa, em Cuba, quando fez
uma apologia do cinema sujo. Ele fala em estética da sujeira no sentido
de que há valores mais altos a se levantar do que a preocupação com os
padrões estéticos dominantes.*

De qualquer forma, se naqueles anos, entre 1964 e 1969, Ruy não lançou nenhum
longa-metragem, não quer dizer que não tenha criado ativamente. Não apenas
como cineasta, mas agora também como autor de canções, em parceria com
grandes nomes da música brasileira. A primeira delas foi com Sérgio Ricardo,
que conheceu ainda no Centro Popular de Cultura (CPC-UNE): "Esse Mundo é
Meu". Ruy pegou gosto pela coisa, e seguiu compondo com Edu Lobo ("Reza",
"Canção da Terra", "Aleluia", entre outras), Francis Hime ("Último Canto", "Másca-
ra"), Carlos Lyra ("Feio Não é Bonito"), Marcos Valle ("Bloco do Eu Sozinho"), entre
outros. Mas a parceria mais famosa e duradoura viria alguns anos depois, com
Chico Buarque, com quem compôs clássicos como "Tatuagem", "Fado Tropical" e
"Não Existe Pecado ao Sul do Equador", além de criarem juntos o musical *Calabar*.
No cinema, Ruy chegou a realizar alguns projetos internacionais durante esse
período, embora não tenham sido lançados comercialmente. Em 1967, Ruy é convidado para participar do longa-metragem coletivo *Longe do Vietnã*, organizado
por Chris Marker, trazendo esquetes de Joris Ivens, William Klein, Claude Lelouch,
Agnès Varda, Jean-Luc Godard, Alain Resnais, além do próprio Marker. Infelizmente, o curta-metragem criado por Ruy não foi incorporado no projeto final:

**Ruy com Pierre Katz e Glauber Rocha
Rio de Janeiro, 1966 >**

*Eu fiz um curta-metragem de 25 minutos chamado Chanson Pour Tra-
verser La Rivière. Ao contrário das outras colaborações, era um filme
de encenação. Enquanto preparava o filme, Chris Marker, que gostava
muito de "Os Fuzis", me pediu para realizar alguma coisa para o projeto.
Eu fui o último a filmar, pois as outras partes já estavam terminadas.
Eu lhe propus uma história que o agradou. A partir do que eu sabia
dos filmes realizados pelos outros colaboradores – aliás, eu sabia muito pouco, pois o material estava sendo montado e Godard ainda nem
havia terminado o seu sketch – eu pensava que era preciso abordar o
problema das relações entre a França e a Indochina. Eu achava que
era uma lacuna, que um filme francês não poderia falar do Vietnã sem
abordar este aspecto.*

*Além do mais, eu não queria fazer um filme sobre o Vietnã, já que não
sou vietnamita, nem conheço o Vietnã. O que me interessava era mais
analisar o espírito militarista que conduz a comportamentos como o
dos norte-americanos no Vietnã. Eu escrevi uma história apoiada nas*

*reivindicações dos bretões a propósito do comércio de horticultores.
Um ancião da Indochina é o representante do sindicato dos atacadistas, ele tenta golpear a cooperativa dos agricultores. No momento em
que ele fracassa, ele recebe um amigo – um jovem oficial norte-americano – que vem passar com ele as 24 horas que precedem sua partida
para uma nobre missão do Vietnã. O norte-americano chega com duas
garotas e os dois homens discutem a vocação militar de um país, a derrota da França como potência colonial e a grande vocação imperialista
norte-americana. Por fim, ele se embriagam, o norte-americano propõe
ao francês levá-lo ao Vietnã e o filme termina com a morte do norte-americano, que se afoga tolamente no mar, completamente bêbado.
Uma vez terminado, o filme colocava problemas bem grandes, porque
Chris Marker percebeu que ele tinha um material enorme: ele tinha
material para mais de um filme e, por um momento, foi pensada a possibilidade de se montar dois filmes. Eu acho também que meu filme
não se integrava aos outros, que eram essencialmente documentários.
Chris Marker não encontrou possibilidade para incorporar meu filme
ao resto do material, que era como um bloco. O mesmo problema foi
colocado pelo filme de Agnès Varda, que era igualmente uma história
encenada. Em* Longe do Vietnã *não há nenhuma sequência de ficção,
com exceção da sequência de Alain Resnais, e isso porque se trata de
um longo monólogo de um ator.*

Em 1969, Ruy realiza um novo longa-metragem, *Sweet Hunters (Ternos Caçadores)*. O filme conta a história de um ornitólogo e sua família, numa fria e chuvosa ilha deserta. De forma enigmática, um fugitivo aparece na ilha. Com as dificuldades materiais em financiar um novo filme no Brasil, Ruy realiza uma produção encenada num ambiente totalmente diferente, a fria Bretanha, com autores internacionais, entre eles o norte-americano Sterling Hayden, que já havia atuado com direitos como Nicholas Ray (*Johnny Guitar*) e Stanley Kubrick (*Dr. Fantástico*). Segundo Ruy, "Hayden mudou muito desde a época em que era um ator de sucesso. Ele renunciou à Hollywood, se tornou uma espécie de hippie com uma concepção da vida completamente diferente, deixou crescer a barba. Por isso, ele era bem próximo do seu personagem no filme, Allan. Um papel que o agradava. Ele, que detestava os papéis feitos em Hollywood, amava o personagem do ornitólogo." Com produção franco-panamenha, o filme não foi exibido no Brasil, mas se tornou um cult em panorama internacional.

Em entrevista da época, Ruy falou sobre a criação do projeto:

> *Richard Winckler tinha me proposto uma história que se chamava Deux Affreux Sur Le Sable, um roteiro de Pierre Pelegri a partir de uma ideia do próprio Winckler. Ele tinha até um produtor para filmar a história, o norte-americano Eduard Pope. O projeto estava avançado, tivemos um adiantamento da U.G. C. e eu deveria fazer a encenação. Eu voltei então ao Brasil por alguns meses e, na minha ausência, o negócio não avançou. Entretanto, Pope, que tinha relações com Claude Giroux, contou-lhe uma história que eu um dia lhe havia narrado, e que é a história de Sweet Hunters. Uma história bem linear, com uma mulher numa ilha. Giroux, que tinha visto Os Fuzis e gostado muito, decidiu produzir essa história e me pediu para voltar para a França.*
>
> *Eu estava muito consciente da diferença que seria realizar Sweet Hunters em relação aos meus filmes anteriores, na medida em que eu fazia um salto cultural, no sentido sociológico do termo. Eu não mudava unicamente de continente, já que não abordava a Europa para falar de subdesenvolvidos portugueses, espanhóis, sicilianos, calabreses ou gregos, eu abordava uma classe social nova, anglo-saxões que tinham um mundo interior completamente diferente. Além disso, eu saía do calor para o nevoeiro. As pessoas se sentam de maneira diferente no século XVII, com uma espada na cintura, e na época atual com um blue jeans. Uma mulher se senta de um jeito com uma saia, de um outro com uma calça. Havia tantas coisas que colocavam novos problemas. Mas, no nível da opção, da linha do filme, eu achava que era uma dimensão que eu não havia abordado anteriormente e que iria aprofundar em um certo sentido. Eu não queria fazer um filme psicológico e temia cair nessa armadilha. Eu tinha medo de ter uma visão um pouco deformada. Prestei muita atenção. Esse não foi um filme que fiz de maneira descontraída.*

Ruy na filmagem de "Sweet Hunters", 1969

Segundo o crítico português Nuno Sena, o filme é realmente marcado pelo desafio do diretor de trabalhar com um novo ambiente:

> *Como nos dois primeiros filmes de Ruy Guerra, Sweet Hunters também começa por ser um estudo sobre um grupo reduzido de personagens, espiritualmente fechadas sobre si e incapazes de se aproximarem uma das outras (a figura desse isolamento é aqui também uma condição geográfica: a ilha). Se a atenção e sensibilidade de Ruy Guerra ao "espírito do lugar" (e há neste aspecto uma "verdade" que não poderia ser reconstituída em estúdio) é tão ou mais importante que a casualidade narrativa convencional para compreender o evoluir dos estados de alma e os comportamentos das personagens, em "Sweet Hunters" o lugar é (quase) tudo.*
>
> *Comecemos pela atmosfera permanentemente enevoada (assombrada, diríamos) da ilha, registrada pela brilhante fotografia do argentino Ricardo Aronovich. Antes de sabermos grande coisa sobre os seus quatro únicos habitantes (o ornitólogo, a mulher, o filho de ambos e a irmã dela), as razões da sua permanência na ilha, essa atmosfera já fez com que entrássemos há muito no mistério maior de um filme de muitos enigmas: Cléa é laço secreto, subterrâneo, que estabelece com o prisioneiro evadido, laço anterior ainda ao primeiro encontro de ambos. Se todos falam e todos parecem aguardar a aparição do fugitivo, como inevitável, só Cléa está desde sempre sob a influência desse fantasma (ou será ela que o convoca?).*
>
> *Ruy Guerra multiplica as pistas sobre a possessão de Cléa, sobretudo através de repetidas associações, literais ou metafóricas, da personagem ao sangue (a matança de ganso, as facas, a recordação das brincadeiras entre Cléa e Lis quando crianças, o medo de envelhecer que a obceca, etc.), mas não concretiza nunca essa hipótese de forma inequívoca. Ainda bem, pois que Sweet Hunter (e quem são os "ternos caçadores" do título: os observadores de pássaros ou Cléa e o fugitivo?) é assim infinitamente mais perturbante. Se a sugestão do "vampirismo" de Cléa através da repetição do leit motif visual do sangue leva o filme*

até a fronteira do mágico, o elaborado tecido sonoro e musical que vai tomando progressivamente conta de Sweet Hunters indicia de outra forma essa mesma possessão.

A partir da sequência em que Cléa avista o cadáver a vagar no mar (que, pelos olhos dela, vemos, mas de que duvidamos da existência até que também os outros o vêem, na extraordinária sequência do passei de barco), a música de Carl Orff e a cada vez mais desolada paisagem da ilha desenganam-nos, se ainda enganados estivéssemos, quanto às aparências naturalistas com que Ruy Guerra disfarçou essa história bem pouco natural. Por isso, já não estranhamos quando Cléa e o fugitivo finalmente se encontram e esse encontro mais parece a reunião de dois amantes longamente separados.

Até ao final, outras surpresas virão (como o terno beijo de Cléa ao morto), mas os mistérios não serão explicados: o fugitivo será até ao fim tanto alguém real como uma projeção de Cléa ou de todos os elementos de sua família. As brumas que cobrem a ilha não permitem distinguir com clareza onde começa uma coisa e acaba a outra.

Dirão muitos que "esse" Ruy Guerra não estava nos filmes anteriores e não voltaria a estar, pelo menos da mesma maneira, nos filmes seguintes (inclusive aqueles mais claramente devedores de uma filiação ao "realismo mágico" literário, como em "Erendira" e outras adaptações de Gabriel García Marques). Talvez. Mas essa é uma questão ainda por ser aprofundada.

Em *Sweet Hunters*, Ruy conta novamente com a parceria de Ricardo Aronovich, que já havia criado a fotografia de *Os Fuzis*. O fotógrafo argentino foi fundamental na criação visual daquele que seria o primeiro longa-metragem colorido do diretor, o que demandou uma ampla pesquisa para escolha de locação:

O trabalho de Aronovich é notável. Trabalhamos muito juntos o problema das cores. Sweet Hunters era meu primeiro longa-metragem em cores e me coloquei muitas questões sobre sua utilização. Orós e O Cavalo de Oxumaré eram também filmes coloridos, mas Sweet Hun-

ters era meu primeiro trabalho em cores que seria de fato concluído. Para O Cavalo de Oxumaré eu não tinha escolha, as cores vinham dos costumes litúrgicos do candomblé. Para Sweet Hunters, ao contrário, eu queria que a cor fosse um elemento dramático. Eu tinha uma gama bem ampla, até no nível do roteiro. Precisávamos de branco, porque havia o pato e os lençóis que deviam ser bancos. Eu não queria verde nas filmagens externas. Para os ambientes internos, eu sabia que com Aronovich seria sempre possível chegar a uma boa solução, graças às cores dos figurinos, dos muros; mas eu também queria o controle das cores nas externas, o que é muito mais difícil. Fiz pesquisa na Irlanda,

*na Iugoslávia, enviei alguém à Escócia para procurar uma casa aban-
donada em um lugar seco. Mas, ou encontrávamos uma encosta bem
branca, onde a luz não era boa, como na Iugoslávia, ou encontrávamos
a casa e a paisagem necessárias, como na Irlanda, mas cheia de verde
ao redor: eu sabia que Ricardo Aronovich não podia fazer nada com
esses verdes. Foi então que, finalmente, em uma segunda viagem à Bretanha, eu encontrei a luz que precisava, esse tom pardacento, a lama
cinza azulada. Filmamos então próximo de Cancale, entre Saint-Malo e
o Monte Saint-Michel.*

Após *Sweet Hunters*, Ruy volta a realizar um projeto no Brasil, *Os Deuses e os
Mortos*. Novamente, é um filme onde a locação é fundamental para a construção
narrativa. A trama do filme se passa no sul da Bahia, nos anos 1920, na Primeira
República, onde um homem sem nome nem passado se intromete numa luta de
duas famílias, Santana da Terra e D'Água Limpa, pela posse de terras de planta-
ção de cacau. Em meio a conflito, surge um personagem misterioso, Sete Vezes.
Ao tratar dos conflitos entre a cultura tradicional das grandes famílias proprietá-
rias de terra e as novas práticas dos comerciantes, o filme trata sobre um mundo
em desintegração, a decadência do universo dos fazendeiros monocultores. Um
tema comum em diversas produções da época. É o caso da crise dos barões do
café retratada em *Os Herdeiros*, de Carlos Diegues (1969), o declínio do mundo
doméstico dos coronéis do Sertão em *O Dragão da Maldade e o Santo Guerreiro*,
de Glauber Rocha (1969), ou a decadência patriarcal no interior de Minas Gerais,
em *A Casa Assassinada*, de Paulo César Saraceni (1971). Segundo o crítico Ismail
Xavier,

*Este filme de Ruy Guerra traz o recuo no tempo típico ao filme his-
tórico, mas seu horizonte é o de uma alegoria totalizante do sistema
neocolonial representado aí como um pesadelo, cenário onde estão em
pauta aspectos da experiência humana que ultrapassam a questão da
crise do cacau, pelos idos 1910-1920, e ensejam um laboratório dramático capaz de expor uma estrutura mais permanente de dominação, dentro da polaridade nacional/estrangeiro. Ao mesmo tempo, o filme traz*

em primeiro plano o debate sobre questões de identidade e interesses administrativos à distância. Uma dimensão antropológica ganha relevo em Os Deuses e os Mortos, cristalizada numa atenção às representações sincréticas do mundo rural brasileiro, com seu catolicismo rústico, seus traços de religião ameríndia e sua incorporação da cultura africana. Como acontece com frequência na focalização do passado, o alvo maior deste filme é a discussão do presente, notadamente pela sugestão de semelhanças, recorrências, estruturas comuns de vivência a conectar os dois tempos. Como em outros filmes do mesmo período, há aqui um movimento de "revisão da história", sem dúvida deflagrado pelos cortes de 1964 e 1968, quando entrou em crise a teleologia de salvação que alimentava o Cinema Novo e redefiniu-se a forma de articulação entre mundo prático e fé religiosa. É o momento em que o problema da modernização reflexa passa a ser focalizado em suas dimensões mais sombrias.

Para a filmagem, Ruy Guerra retornou para a mesma Milagres em que filmou *Os Fuzis*. A pequena cidade é a mesma onde termina *O Dragão da Maldade*, de Glauber Rocha. Neste filme, como em *Os Deuses e os Mortos*, uma imagem se repete: o símbolo do único posto de gasolina, a concha amarela e vermelha da Shell. Segundo Ruy, "a imagem do posto impactou muita gente, e acredito que a razão disto é ela ter uma significação precisa para além do elemento pictural e da analogia entre os dois filmes: ela expressa uma imagem imediata de uma forma de imperialismo". O posto simboliza que, para além da batalha dos fazendeiros pelo poder econômico da região, está em jogo a passagem desse poder para as potências estrangeiras, um dos temas centrais do filme, marcadamente através do personagem Sete Vezes:

No começo, eu quis dar ao Sete Vezes um aspecto que poderia parecer de um vingador, um representante do povo ou um revolucionário. Em sua tentativa de assumir o poder absoluto – poder individual que não implica em mudança de estrutura – ele se deixa envolver por esse procedimento e está completamente podre. É um personagem que poderia ter se encaminhado em outro sentido, mas, tomado pelo jogo dos

Ruy e Dib Lufti na filmagem de "Os Deuses e os Mortos", de 1970 >

grandes interesses, ele decide encontrar seu lugar, individualmente. Trata-se de um personagem que é podre e que se torna o chefe de um império vazio. No começo do filme, eu lhe dei um passado de violência. Não é um homem que aparece por acaso, ele aparece para conquistar o poder de maneira maquiavélica, não se rebaixa nunca ao trabalho, não tenta se transformar.

Ele pensa realmente que está conquistando um império, mas no fim se dá conta de que também serve ao poder estrangeiro. Quando ele consegue a união das produções, graças a seu poder pessoal, ele percebe que deixaram que ele tomasse o poder porque se tratava de lutas intermediárias que não colocavam em questão a produção. Ele também serve aos interesses estrangeiros, na medida em que o poder local, nas mãos

Ruy filmando Norman Bengell para "Os Deuses e os Mortos", 1970

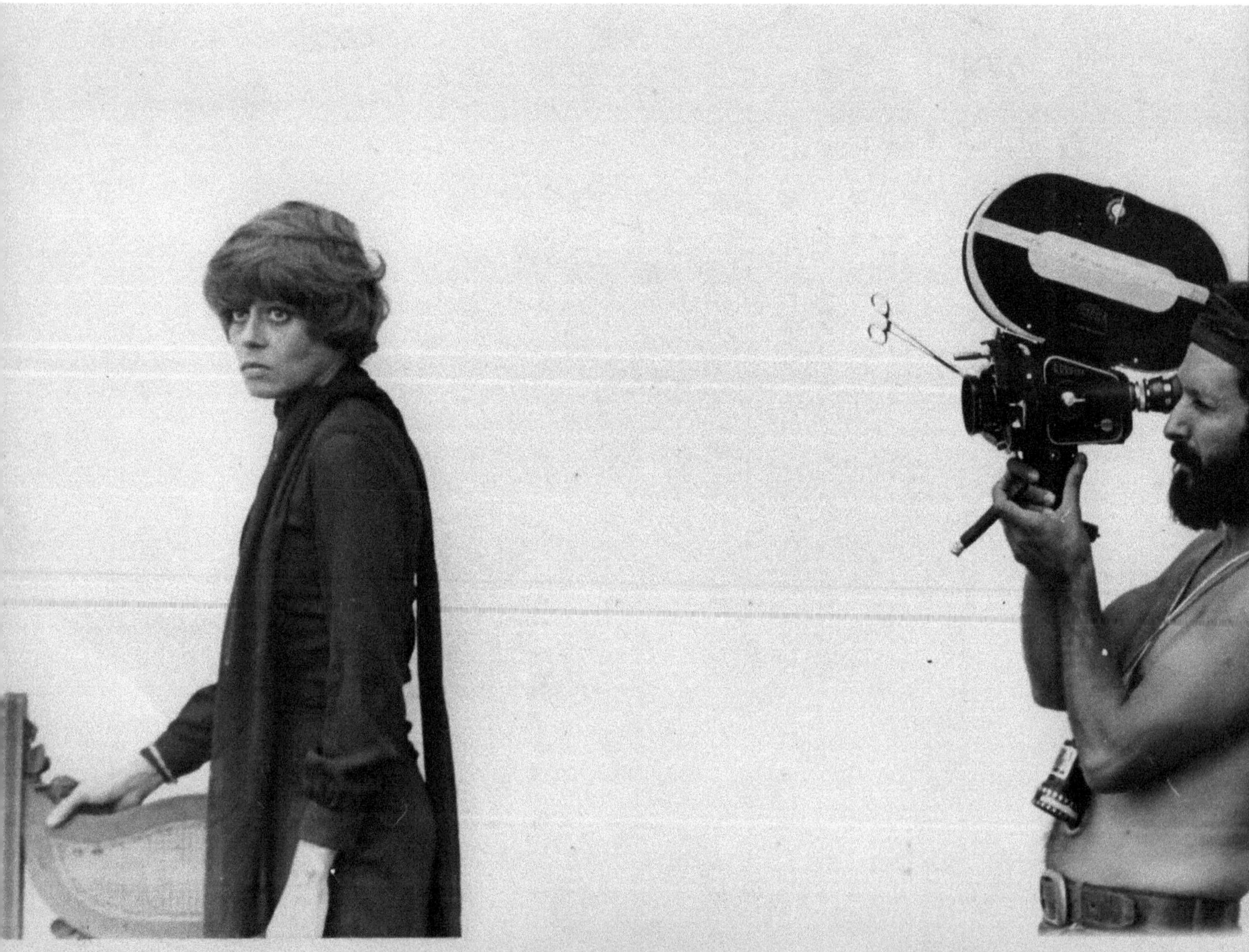

de uma única força, não é uma forma de emancipação, mas uma forma de submissão ao capital estrangeiro. Assim, Os Deuses e os Mortos *é um filme sobre a tomada do poder e sobre os aspectos desse poder.*

Em *Os Deuses e os Mortos*, a fotografia e a música tomam importância maior, através de novas parcerias. No primeiro caso, como Ricardo Aronovich não estava no país, Ruy convidou o grande fotógrafo Dib Lufti para colaborar. Havia também outro motivo: ao contrário de Aronovich, Lufti é o que Ruy chama de "uma grua humana", um operador capaz de fazer tudo com a câmera na mão, procedimento central na concepção do filme. Além de outra questão prática, em relação às dificuldades de realização de um longa-metragem no Brasil, como Ruy explicou na época do lançamento:

> *Atualmente, Lufti oferece as melhores condições para se trabalhar no contexto brasileiro. Aronovich é muito preocupado com o nível da luz e, como as condições de produção no Brasil são muito difíceis, ele tem a tendência de tratar a sua luz em detrimento da linguagem, enquanto Lufti está pronto a sacrificar sua iluminação em prol de uma linguagem. Para uma pequena produção, o nível de exigência de Aronovich pode entrar em conflito com as condições de produção. Assim, para um filme como* Os Deuses e os Mortos, *era mais fácil trabalhar com Dib Lufti.*

A escolha do fotógrafo demonstra a capacidade de Ruy de lidar positivamente com as dificuldades impostas pela produção brasileira, que trazia questões técnicas particulares. Uma "não submissão aos meios técnicos", como ele indicava na sua análise sobre o Cinema Novo. Mas, mais do que isso, sinaliza também um elemento criativo, capaz de perceber as novas possibilidades expressivas que nascem do encontro com os contextos de filmagem, como é o caso do uso de cor nos rostos dos homens em *Os Deuses e os Mortos*:

> *Eu usei cores nos rostos dos homens como uma máscara, porque queria representar as massas anônimas. A ideia me surgiu quando cheguei no vilarejo onde filmávamos: era carnaval e, como o lugar era muito pobre,*

os habitantes tinham apenas pó de arroz para se fantasiar. Todos estavam com rosto branco, os homens, as mulheres. Talvez uma centena de pessoas, 90% delas estavam assim. Pensei então que no meu filme a massa anônima teria cor branca, o que daria um aspecto irreal que me convinha. A partir daí, decidi dar cores diferentes aos rostos das pessoas das famílias de D'Água Limpa e de Santana da Terra, com o objetivo de tornar os clãs mais visíveis.

Me parece que isso é um pouco difuso, não é muito marcado. Na feitura dessas maquiagens, os figurantes se mostravam pouco à vontade, eles acabavam tirando a cor: antes de cada cena, era preciso recolocar o pó. Por fim, isso se tornou um pouco amorfo, eu teria gostado que os grupos tivessem ficado ainda mais diferenciados.

Com exceção do branco, para representar aqueles que não pertencem a nenhum clã, as outras cores foram escolhidas de maneira arbitrária. O único outro caso mais consciente de escolha foi o de Sete Vezes, que se pinta de amarelo. Eu utilizo o amarelo também para a água e para os cadáveres, porque tem uma significação particular para mim: é a cor da doença, da morte, de algo que invade. É uma cor que tem uma função dramática. Sete Vezes se pinta de amarelo porque ele é um ser que transporta a violência e a morte. O amarelo também é associado à pedra e à traição, ao ouro, portanto. Era uma cor que tinha para mim significações expressivas. Eu queria jogar no nível de uma certa emoção das cores.

Em termos da música, há a parceria com Milton Nascimento, o grande cantautor mineiro, que participa não apenas da trilha sonora, como faz uma ponta no filme. A presença do compositor durante as filmagens foi de grande importância para a criação das cenas, como explica Ruy:

Eu já tinha trabalhado com o Milton, escrito letras de canções para quais ele compunha a música. Milton é um músico impressionante, um dos melhores da música brasileira. Ele sempre quis fazer música para filmes. Quando eu pensei nele para Os Deuses e os Mortos, pedi que ele

Ruy com Othon Bastos, filmagem de "Os Deuses e os Mortos", 1970 >

escrevesse certos temas antes mesmo que o roteiro estivesse termina-do. Em seguida, convidei-o para assistir a algumas semanas de filma-gem. Ele veio e permaneceu por toda a filmagem, cancelando todos os seus compromissos para acompanhar a realização do filme.

Ele até fez um pequeno papel, o do cangaceiro negro que lê o livro. Quando terminamos as filmagens, ele conhecia tão bem o filme que foi bem fácil compor a música definitiva: com seu grupo musical, entra-mos num estúdio de gravação e, em três dias, tudo estava terminado. Acho que o resultado ficou muito bom.

E a participação dele nas filmagens também foi fundamental na cria-ção da íntima relação do som com a imagem. Por exemplo, eu sabia que a sequência com a moça nua era uma sequência musical. Na véspera de filmá-la, eu expliquei a sequência a Milton e pedi a ele que escre-vesse uma música para o dia seguinte. Na filmagem, como os atores não escutavam a música, pedi a Milton para ficar a meu lado e cantar a partitura: acho que isso determinou muitas coisas em minha concep-ção da cena.

De qualquer forma, eu tenho a tendência de construir o tempo interior dos meus filmes com base em uma música. Para Os Deuses e os Mortos, os temas de Milton – compostos antes da filmagem – mesmo se eles não foram conservados tais quais originalmente, deram o tom do filme.

O filme foi imediatamente recebido pela crítica internacional como uma realiza-ção maior. O crítico francês Jean A. Gilli pontuou que o filme trazia uma síntese dos elementos trabalhados pelo cineasta: "Ao reunir a magia de *Sweet Hunters* e a visão crítica de *Os Fuzis*, *Os Deuses e os Mortos* se mostra o resultado provisório das pesquisas de Ruy Guerra. O filme se apresenta como uma síntese dos ele-mentos realistas e dos elementos fantásticos". E Jean Baroncelli, ao ver o filme na Quinzena dos Realizadores do Festival de Cannes, foi efusivo na sua crítica no jornal *Le Monde*: "Com este filme, Ruy Guerra inscreve-se entre os grandes cineastas do mundo".

Naquele começo de década de 1970, com menos de 40 anos e apenas quatro lon-ga-metragens lançados, Ruy já possuía uma obra consagrada. Ao que tudo indi-

cava, era o momento de realizações mais ambiciosas. Mas havia um porém: o Brasil que ele havia escolhido para viver e criar estava mergulhado nos momentos mais duros de uma ditadura, e um autor como ele certamente não encontraria facilidades de realização. O que não o impediu que mantivesse o bom humor. Décadas depois, ele assim relembraria daquele período:

> *Há momentos em que não fiz nada. Às vezes até brinco. As pessoas dizem que estou conservado, que envelheci com tanta energia. Eu respondo que foi muita ditadura militar, pois durante o tempo da ditadura não pude trabalhar, passei na praia, pegando onda, jacaré. No fim da tarde pegava tatuí, dava muito tatuí em Ipanema. Fiz tatuí cozido, assado, frito, em caldeirada, depois inventei coquetel de tatuí. Eu sou muito radical, naquele período não havia condições de fazer os filmes que eu queria fazer, então não fiz nada.*

Aqueles foram anos de felicidades e tristezas. De seu romance com a atriz Leila Diniz, musa da época, nasce sua primeira filha, Janaina Diniz Guerra, em 1971. Mas, no ano seguinte, Leila falece num acidente de avião. Janaina, então, frente às dificuldades econômicas vividas pelo pai, é criada por Chico Buarque e Marieta Severo, até os 10 anos de idade, quando passa a morar com Ruy.

O retorno para as telas seria só em 1977, com *A Queda*, realizado em parceria com o ator Nelson Xavier. O filme é, de certa forma, um retorno para a linguagem mais diretamente política de *Os Fuzis*. Simbolicamente, o novo longa-metragem começa com uma sequência num matadouro, onde empresários bebem sangue de boi ("como bebem sangue de operários", pontua Jean Claude Bernadet). A cena pode ser vista como um retorno para a sequência final de *Os Fuzis*, quando os camponeses esfomeados massacram o boi santo.

Mas, se no primeiro filme, a morte do boi é selvagem, agora é industrial. Há, nos 13 anos que separam os dois filmes, a evolução do capitalismo, sendo que os camponeses esfomeados migraram para a cidade grande, se tornando operários oprimidos. A mudança de contexto não altera a estrutura social. A inserção de cenas de *Os Fuzis*, como lembranças do passado dos operários, que marca a trama de *A Queda*, concretiza o diálogo dos dois filmes. Em *A Queda*, um soldador cai do andaime onde trabalha sem segurança. A caminho do hospital, um companheiro relembra passagens das vidas dos dois no Sertão baiano. O operário morre, complicando a empresa numa concorrência pública.

A trama se desenrola nas consequências desta morte, marcada mais pela negligência da construtora do que em simples acidente, em dois ambientes diversos. Os proprietários da empresa e também os companheiros do operário falecido. O principal motivo de feitura do filme foi voltar para um olhar mais cru sobre o povo, segundo Ruy afirmou na longa entrevista para a revista *Cine-Olho*, em 1977:

> *A Queda para mim foi a necessidade de colocar, fundamentalmente, uma paisagem humana que não estava sendo vista no cinema nacional, que é a massa operária, o trabalhador, o povo. De certa forma, parto daquele desenvolvimento de Nelson Pereira dos Santos, quando ele acrescentou à ideia de Glauber "uma ideia na cabeça e uma câmera na mão" a sentença "e o povo na frente". Mas eu dou um passo além nessa equação, e abro parêntese e digo: "Mas não em festa".*
> *Não em festa porque há uma representação do povo no cinema que é sempre dançando, no candomblé, nas capoeiras. Eu acho que tudo isso está dentro de um conceito estratificado de povo e nas suas formas paradas. Eu considero que isto é resultante de uma vontade de colocar o povo na tela, mas sem conseguir lidar com a dificuldade de se aprofundar com a relação com o povo. Então, se encontra um instrumento intermediário – o folclore – em que o povo aparece em toda a sua exuberância, na sua manifestação cultural máxima, mas que são expressões paradas e que considero formas alienantes.*

Se há o diálogo entre os dois filmes mais políticos de Ruy, algumas soluções formais são invertidas. Se, conforme pontua Schwarz, há em *Os Fuzis* o choque entre o documental estático em referência ao povo e o ficcional dinâmico em referência aos soldados, em *A Queda* esse ponto é transformado, como demonstra o crítico norte-americano Robert Stam:

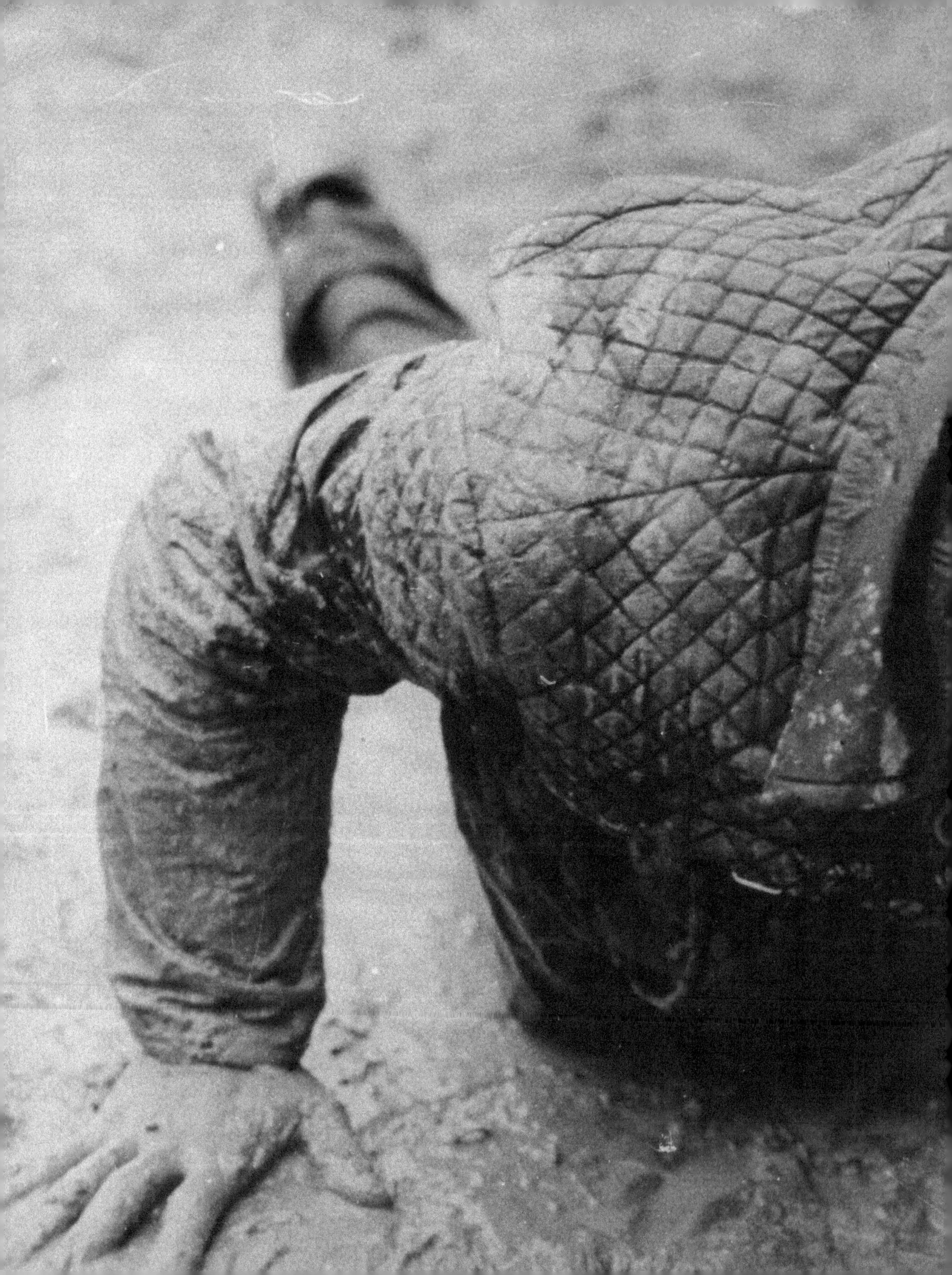

Nelson Xavier em "A Queda", 1977

A estratégia narrativa de A Queda envolve a utilização de fotos fixas, que lembram aquelas utilizadas por Chris Marker em La Jetté, nas sequências que envolvem os proprietários. Assim, o filme "despsicologiza" os capitalistas, preferindo ressaltar a função social do grupo dominante a explorar as nuances de suas sensibilidades particulares. O filme abstrai e despersonaliza os capitalistas porque não se identifica nem se solidariza com eles, o que não quer dizer que Guerra-Xavier os vejam menos humanos por isso. A abstração existe por razões sócio-históricas, da mesma forma que Goya despersonaliza soldados de Napoleão em suas pinturas, ou Eisenstein despersonaliza as forças opressoras do Czar em Encouraçado Potemkim. Enquanto isso, os operários são mostrados não em fotos fixas, mas sim em movimento, representando uma classe dinâmica, catalizadora de transformação.
O filme também marca um contraste sonoro entre patrões e operários. As vozes dos patrões são pós-sincronizadas e trabalhadas em efeito de câmera de eco, protegidas pelas condições ideais de estúdio de gravação, o que sugere uma existência protegida artificialmente. As vozes dos operários, em contraste, têm que concorrer com níveis insuportáveis dos ruídos ambientais.

Há, neste uso do ruído, também a sinalização de que aquela possibilidade de representação controlada e heróica do povo se perde dentro da complexidade crescente da sociedade. Os próprios personagens são contraditórios, impuros. Em movimento. O que reflete a própria estrutura aberta de feitura do filme, com a valorização quase documental do improviso, conforme expôs Ruy Guerra em entrevista para Geraldo Sarno, Sergio Sanz e José Carlos Avellar, publicada na revista *Cinemais*, em 2000:

Os diálogos eram improvisados, não eram decorados. Os atores só tinham os pontos principais da conversa, o tema, e criavam em cima. Era uma coisa curiosa, porque ao fim de algumas tomadas, eles já não eram mais capazes de inventar nada, o diálogo se assentava sobre as mesmas coisas. Automaticamente os atores consubstancializam uma relação

dramática e a própria linguagem e forma dentro daquilo. Claro que as palavras não eram exatamente as mesmas, mas as ideias permaneciam. E havia também o improviso cênico, que queríamos valorizar. Num determinado momento, por exemplo, estava acontecendo uma conversa entre o Nelson Xavier e a Isabel Ribeiro, e o Lima Duarte, que estava na cena, resolveu se levantar, porque sabia que podia ir à cozinha pegar um copo d'água. Mas, daí, a câmera largou a ação dramática e seguiu com o Lima. Não acontecia nada de muito importante, ele só ia até a cozinha e retornava, mas a câmera o seguia. Quer dizer, a cada momento a câmera podia decidir seguir um personagem. E aí está uma grande contribuição do Edgar Moura, que é um excelente câmera na mão. Era um filme que tinha a proposta de ter imagens sujas, no sentido de um olhar jornalístico sobre a ficção.

Se *A Queda* mostrava o lado profundamente político do cinema de Ruy Guerra, o passo seguinte seria ainda mais radical: naquela metade da década de 1970, Moçambique estava vivendo o processo de independência. Ruy, que já havia se envolvido na luta pela independência décadas antes, quando ainda um jovem descobrindo a política, não podia se furtar de não só testemunhar, mas também atuar na concretização da libertação política do seu país natal. Estava lá no dia 25 de junho de 1975, quando a Independência é proclamada. E, depois, é chamado por Samora Machel para documentar os processos de criação do país independente, além de ajudar a criar o Instituto de Cinema do país.

Na entrevista para a revista *Cine-Olho*, no calor de hora, Ruy traçou os desafios da constituição de uma cinematografia moçambicana:

Em Moçambique não existe propriamente uma produção cinematográfica. Moçambique está saindo de um estatuto colonial onde não se produzia nada. O que havia era alguns operadores que faziam esse tipo de cinema de jornais da atualidade, que eram sem a menor expressão, pois eram segundo os interesses da metrópole. Durante esse período de tempo, foram feitos alguns documentários, sendo três longa-metragens, todos eles voltados para a celebração da independência. Tem um documentário que acompanha uma equipe de filmagem iugoslava, que já tinha filmado alguma coisa da guerrilha na época, e que acompanhou a viagem do presidente Samora Machel até a tomada do poder – uma viagem de aproximação do governo de transição. Tem outro que se chama Um Ano de Independência, *que foi uma série de curtas-metragens que foram alinhavados juntos como comemoração. E tem o filme de Zé Celso Martinez Corrêa e de Celso Lucas,* O 25, *que pretende fazer um histórico das festas da independência. Então, ainda não existe uma produção intensiva. Agora é que está começando a ser importado maquinaria, começando a se organizar o próprio instituto de cinema e os quadros técnicos e laboratórios. Tudo isso, então, ainda está numa fase muito incipiente.*

Para a constituição da INC, foi criada uma cúpula para a implantação do audiovisual no país, com presença significativa de quatro cineastas internacionais: Jean Rouch, Jean-Luc Godard e sua companheira Anne-Maria Miéville e Ruy Guerra. O mote, segundo Ruy, era uma frase ouvida de um poeta: "A África precisa tanto de imagens quanto de proteínas." O projeto resultante para o Instituto Nacional de Cinema era ambicioso, como demonstra a crítica portuguesa Raquel Scheffer:

O programa cinematográfico moçambicano apresentava fundamentalmente três vertentes – o cinema coletivo, estatal e de autor. Sem fronteiras demarcadas, nem esferas de ação estritamente delimitadas, as três vertentes estão ligadas por uma interpenetração permanente e tensional. O cinema coletivo, estatal e de autor coexistem, sustentando-se num sistema de relações dinâmicas e contraditórias. Do ponto de vista teórico, as representações cinematográficas do país independente tenderiam a ressituar a relação entre arte e política, assim transformando a experiência sensível e a produção simbólica. É de notar ainda que, no contexto revolucionário moçambicano, a política cinematográfica é inseparável do processo geral de coletivização dos modos de produção, bem como das contradições desse processo. A tentativa de mudança do paradigma de representação através do alargamento do processo de coletivização à esfera da produção simbólica constitui mesmo um dos aspectos mais originais do projeto político-cultural da FRELIMO.

A singularidade da política cinematográfica moçambicana articula-se em torno da tentativa de reinterpretação tanto dos fundamentos políticos e estéticos da modernidade, quanto da crítica desses fundamentos. A fundação do INC e as primeiras medidas adotadas pelo instituto devem ser analisadas à luz dessa tentativa de reinterpretação. O INC é regido por um quadro teórico em que a função social do cinema (e da arte em geral) convive com a premissa de que um filme só é político sob condição de que concretize uma crítica das formas dominantes de representação e dos modos hegemônicos de produção. Nesse sentido, do ponto de vista teórico, lograr-se-ia obviar a autonomização e a canonização da arte através de interdependências dialéticas entre o conteúdo, a forma e a função (entendida como finalidade e não como funcionamento) dos objetos fílmicos. A dimensão política do cinema fundar-se-ia, por conseguinte, num trabalho experimental da forma enquanto expressão de um conteúdo de emancipação e tendo em vista uma finalidade também emancipatória. Este quadro teórico explica, por um lado, a admiração e o entusiasmo que o programa suscita na década de 1970 e ainda hoje. Por outro lado, do ponto de vista intencional, não se verificaria, neste contexto inicial, uma ruptura entre o cinema coletivo, estatal e de autor. A coletivização do cinema (nas suas três esferas: os projetos Cinema Móvel, Cinema nas Aldeias e o cinema coletivo) era propiciada pelo trabalho e autores (Ruy Guerra, Jean-Luc Godard, Jean Rouch, entre outros; a geração do INC), categoria então em redefinição, através de estruturas estatais como o INC, a futura Televisão Experimental de Moçambique e o Centro de Estudos de Comunicação (CEC) da Universidade Eduardo Mondlane.

Para além do importante trabalho institucional, Ruy realizou também projetos próprios de cinema. O primeiro deles foi *Mueda, Memória e Massacre*, filmado em 1979, considerado o mais importante filme moçambicano da época. No filme, Ruy retoma a história do Massacre de Mueda, ocorrido em 16 de junho de 1960, quatro anos antes do início oficial da Guerra de Libertação moçambicana. Um terrível episódio que virou um símbolo de resistência contra o colonialismo português. Naquele dia, em Mueda, cidade ao norte do país, a administração portuguesa reprimiu uma manifestação pacífica por melhorias de condições de trabalho e independência, assassinando, segundo os dados oficiais, mais de seiscentas pessoas. O Massacre de Mueda foi um fato importante para a politização do povo Maconde, que já tinha protagonizado o último levante contra o domínio colonial português, em 1917, e foi importante na constituição da campanha militar da FRELIMO, a Frente de Libertação Moçambicana. Tanto que as primeiras Zonas Libertadas foram criadas no Planalto Maconde.

Ruy novamente trabalha com a articulação entre ficção e documentário (e entre estética e política) para a realização do filme. Para além da reconstituição histó-

rica do massacre, utiliza-se da dramatização deste, realizada de forma coletiva, na frente e no interior do antigo edifício de administração colonial, no exato lugar onde ocorreu o massacre. Essa representação ocorreu pela primeira vez em 1976, e seguiu ocorrendo nos anos seguintes. Baseada em obra de teatro de Calisto dos Lagos, que foi também co-roteirista do filme, a representação teatral e carnavalesca traz o povo de Mueda improvisando, a partir de uma peça oral, os diferentes papéis envolvidos no massacre: os manifestantes, os funcionários da administração colonial, os militares do exército português. No filme, as sequências da representação são entrecortadas por entrevistas e testemunhos documentais de sobreviventes e participantes do massacre. Segundo Ruy,

> *Na época das aldeias comunais, eu propus um trabalho e trabalhei vários meses nisso. Era um sistema de exibição nas aldeias comunais, com filmes que corressem de aldeia em aldeia, para a formação de um público cinematográfico moçambicano nas diferentes aldeias por todo o país. Cheguei a ter arquiteto para fazer um estúdio de pontos de exibição, um trabalho longo mas que foi mal interpretado e que foi cortado pela raiz. Como senti que não tinha mais nada que fazer em Moçambique, disse que queria fazer um filme sobre Mueda. Foi filmado no Norte de Moçambique em condições extremamente precárias, numa região que nem sequer tinha comida. Mesmo nós quase tínhamos para comer. Eu quis que o filme fosse inteiramente rodado em Moçambique, revelado em Moçambique, podia ter sido feito a cores mas queria que fosse uma longa metragem feita inteiramente em Moçambique. É um filme que representa o primeiro momento da luta armada, quando se desencadeou a união da FRELIMO com os outros movimentos, e que é um momento histórico importante, que fiz com depoimentos de gente e com os próprios sobreviventes do massacre, que contam essa história numa tradição oral. Todos os anos, nesse dia, fazem essa representação teatral. Para mim, era extremamente surpreendente porque, em vez de ser um massacre onde morreu muita gente das famílias dos presentes, é um ato lúdico de prazer que eles fazem, nessa comemoração que contrasta com a nossa visão que tinha que ser uma*

coisa solene, uma coisa triste. Mas não, é um momento extremamente alegre e festivo.

Em 1982, Ruy realiza seu segundo projeto cinematográfico em Maputo. Novamente, um filme com grande importância histórica, mas desta vez realizado no calor da hora. Após a independência, muitos colaboradores do regime colonial preferiram permanecer em Moçambique. Eles eram conhecidos como "comprometidos", por terem, de alguma forma, feito parte do aparelho repressivo ou da administração portuguesa. A presença desses "comprometidos" era um grave problema para um país que queria se estabelecer independente. Eram os quadros mais qualificados técnico e administrativamente, mas vinham do tempo colonial. O desafio era ainda maior, por conta do clima pós-revolucionário, com todas as rivalidades. O presidente Samora Machel, então, percebeu que precisava tomar alguma atitude para aliviar a pressão política. Para isto, propôs que cada um dos comprometidos se declarasse publicamente como tal. Mais do que isto, deveriam deixar visível em seu lugar de trabalho foto e indicação do tipo de colaboração que exerceram no passado colonial. Era uma forma de absorver aquelas pessoas ao novo regime, sem apagar as questões históricas. Samora deixou claro que em outro ambiente revolucionário as soluções encontradas seriam muito mais violentas: considerados traidores, os "comprometidos" seriam colocados frente a um pelotão de fuzilamento.

O processo pensado de reabilitação dos "comprometidos" deveria ser rápido, mas acabou se alongando. Segundo o militante Ambie Sachs, a experiência mançobicana foi uma das inspirações para a Comissão da Verdade e Reconciliação criada na África do Sul, durante o governo de Nelson Mandela, e presidida por Desmond Tutu. O estágio final foi um julgamento coletivo público. Foi exatamente esse julgamento o tema do filme de Ruy, realizado por uma equipe de filmagem formada por seus alunos do INC. O filme acompanha a semana do julgamento, no anfiteatro do Liceu Josina Machel. Na proposta original, o filme se chamaria "Raízes da Traição", mas depois Ruy decidiu por um título mais brando: *Os Comprometidos – Atas de um Processo de Descolonização.*

Segundo Ruy, o julgamento foi "uma catarse, um processo psicanalítico do colonialismo, uma festa, tudo junto". A montagem final foi feita à distância, já que

Ruy já havia deixado Maputo para filmar outro longa-metragem. Depois, o filme foi transformado em uma série, que passou na TV estatal de Moçambique. Mas, de todos os 44 capítulos previstos, apenas sobreviveram os rolos de três, no acervo do próprio diretor. Os outros presumidamente se perderam no incêndio do INC, em 1991. Naquele momento, Moçambique já era outro país. Samora Machel morreu num estranho acidente aéreo, em 1986. E Ruy já havia encerrado, mesmo antes, a sua aventura de volta à terra natal. Segundo ele relembraria depois, uma experiência fundamental em sua vida:

> *Eram precisos quadros técnicos capazes de formar quadros moçambicanos, de gente que morasse lá. Eu fui e não sei se tinha a utopia de ficar lá ou não. Não sabia dizer, mas descobri rapidamente que não podia readaptar-me ao país de forma definitiva. Estava ali numa missão de resposta à minha juventude, uma resposta aos desejos de quando era jovem, para a independência de Moçambique. Enfim, sentia-me obrigado a estar lá naquele momento, mas uma obrigação profundamente agradável. Redimi-me um pouco de ter estado ausente das lutas de independência, não porque tivesse fugido dela, mas porque tinha saído antes e já tinha começado a vida noutro caminho. E também, muito feliz por ter sido requisitado pela FRELIMO para isso e que me deu um campo amplo para poder trabalhar. A minha função foi, basicamente, formar quadros. Levar gente capacitada para lá e formar jovens moçambicanos para serem diretores de fotografia, realizadores, documentaristas, enfim, a trabalharem nas diferentes áreas do cinema. Isso foi muito gratificante porque, hoje, muitos deles são bons técnicos e, de alguma forma, sinto que respondi um pouco a questões da minha própria juventude.*

A saída de Maputo aconteceu logo depois que acabou o processo dos Comprometidos. Ruy partiu de lá para filmar *Erendira*, sua primeira adaptação de uma obra do amigo Gabo, o escritor colombiano Gabriel García Marquez. O filme, que teve locação no México, seria lançado em 1983. A trama se passa numa enorme mansão no meio do deserto. Lá, moram Erendira e e a sua avó desalmada. Com a morte do patriarca, a avó dispensa os empregados e deixa todo o serviço doméstico por conta da neta. Erendira, acidentalmente, causa um incêndio que destrói o casarão. A avó, então, decide vender o corpo de Erendira, para pagar a imensa dívida causada.

Em entrevista da época, Ruy contou sobre os desafios de filmagem, da escolha de locação e das atrizes, a grega Irene Papas, para o papel da avó, e a brasileira Claudia Ohana, para o papel de Erendira. Claudia e Ruy acabariam se apaixonando durante as filmagens. Da relação entre os dois nasceria, naquele mesmo ano de 1983, a também atriz Dandara Ohana Guerra:

> *Na história, falamos de uma mulher enorme, que Marquez chamou de baleia branca, com um lado grotesco que eu gostei. Mas eu não encontrei uma atriz que se encaixasse fisicamente nele. Não podia levar uma mulher só porque ela era gorda, era uma armadilha na qual não queria*

Claudia Ohana e Irene Papas em cenas de "Erendira", 1982

cair. Foi um diretor do Antenne2 que me contou sobre Irene Papas e achei a ideia ótima. O grande trabalho era explorar, encontrar a aldeia certa no México, nem muito miserável nem muito colonial. A filmagem foi fisicamente difícil, mas diverti-me o tempo todo, apaixonei-me pela atriz que interpreta a Erendira. Espero que a felicidade se reflita no filme.

Se *Erendira* inaugurou a parceria com o amigo Gabo, que anos depois declararia que Ruy "é o diretor com quem melhor trabalho, porque ele não se sente constrangido comigo, me diz com total franqueza o que tem a dizer e ponto final, e eu sou assim também com ele", o filme seguinte de Ruy seria também uma adaptação de uma obra de outro grande amigo e parceiro, desta vez Chico Buarque. A proposta de filmar a *Ópera do Malandro* veio quase por acaso, o que não impediu o filme, lançado em 1985, de se tornar um sucesso de bilheteria:

> *A ideia de adaptar a peça Ópera do Malandro para o cinema foi uma questão de circunstância. O Marin Karmitz, da produtora francesa MK2, tinha visto Erendira e me sugeriu fazer um musical. Um distribuidor propôs algo como a versão brasileira da Ópera dos Três Vinténs, de Kurt Weil e Bertold Brecht. Eu disse que isso já existia, feito pelo Chico, para teatro. Fui ao telefone do bar, liguei para o Chico e pedi os direitos da Ópera do Malandro. E pronto, foi assim.*

A adaptação foi criada com o próprio Chico, num processo longo de reinvenção da trama original: em 1941, durante a Grande Guerra, uma dançarina de cabaré é explorada por um cafetão na Lapa, a região boêmia do Rio de Janeiro. Encenada em 1978, a peça teatral de Chico se inspirava não só em Brecht e Weill, como na *Ópera do Mendigo*, peça do século XVII de John Gay. A trama passa pela rixa entre o cafetão e o dono do cabaré, um alemão autoritário. Segundo Ruy,

> *Quando fui reler a peça, percebi que faltava uma estrutura cinematográfica, então decidi chamar o Chico para fazermos um projeto conjunto de roteirização. Foi um processo demorado. Todos os dias nos en-*

contrávamos, por volta das três da tarde, e ficávamos até oito da noite na casa do Chico. Quando não acontecia nada, ficávamos conversando, consultando dicionários. Em determinado momento, tínhamos mais de 30 histórias diferentes.

A *Ópera do Malandro* teve uma estrutura de produção muito maior do que os filmes anteriores de Ruy, contando com um elenco estelar, que passa por nomes como Ney Latorraca, Claudia Ohana, Elba Ramalho e Edson Celulari. A proposta de fazer um musical era também uma homenagem aos musicais norte-americanos que Ruy assistia durante a adolescência em Moçambique, mas a partir de um viés transgressor. Filmar um musical foi um desafio novo para Ruy, especialmente por não ser um gênero comum ao cinema brasileiro, o que criava maiores dificuldades, como o fato de não termos uma tradição de atores bailarinos no país:

Ruy e Chico Buarque criando o roteiro de "Ópera do Malndro", anos 1980

Edson Celulari e Wilson Grey em "Ópera do Malandro", 1985

Foi uma aventura fazer um musical. O conhecimento técnico que a gente tinha na época era nenhum. Ter conseguido fazer foi uma benção dos deuses. Era para ser um fracasso total. Até porque a proposta básica era subverter os conceitos do musical tradicional norte-americano, utilizando a própria linguagem do cinema norte-americano. A ideia era fazer um musical transgressor, estreitamente político, escuro, o que é algo impensável num musical realizado em Hollywood. Um musical em que o mocinho é um escroque e a mocinha é uma putinha. Um grande risco. Mas o resultado até hoje me agrada.

Em 1987, Ruy volta a adaptar uma obra de Gabriel García Marquez, desta vez baseado num episódio de *O Amor nos Tempos de Cólera: A Fábula da Bela Palomera*. A história se passa em Paraty, no século XIX, onde um aristocrata fabricante de cachaça apaixona-se por uma jovem casada. Os amantes, então, começam a usar pombos-correio para se comunicar, temendo que a cidade descubra o romance. O filme tem como protagonistas dois atores que já haviam participado de *Ópera do Malandro*, Ney Latorraca e Claudia Ohana. Segundo Ruy,

> *A Palomera é uma história exarcebada de amor, romântica ao extremo, desgarrada como as de Camilo Castello Branco. Um melodrama como aqueles rasgadões do fim do século XIX. É uma história de como esses valores podem, ao mesmo tempo, ser valores de opressão. O amor de Orestes, personagem que o Ney Latorraca faz. Em nome do amor ele se dá ao direito de destruir tudo, inclusive a si mesmo. É essa contradição que me interessa colocar, o amor não é obrigatoriamente o que resolve tudo. "Ah! O amor! O amor!" Não é assim não.*
>
> *O amor é uma arma extremamente perigosa, pode ser uma bomba atômica na mão das pessoas. O amor tem um poder tão forte que pode destruir e é preciso ter cuidado com o amor – é isso que eu queria colocar no filme – é preciso ter cuidado com o amor. Simplesmente porque quando se ama alguém você não tem o direito de destruir esse alguém, e você pode até destruir inconscientemente.*
>
> *O amor é extremamente difícil de ser usado, vivenciado. A Palomera retrata aquele amor desgarrado, aqueles exageros do personagem. As contradições que todo mundo tem e que são tão importantes da gente transmitir dramaticamente. E nisso a dramaturgia do cinema está ainda muito tímida. As pessoas só entram no fantástico através de um código fechado. Aceitam, se acham que é um de ficção científica ou uma fábula, as incongruências, os absurdos. Mas o cotidiano também é cheio de magia, é cheio de incongruências, é cheio de absurdos. E nós na ficção não estamos resgatando isso, estamos fazendo filmes de bom senso, trabalhando a relação causa e efeito. Causa e efeito: nem a ciência utiliza mais esse sistema.*

O filme seguinte de Ruy seria a retomada e realização de um antigo projeto: a adaptação de outra obra literária, *Quarup*, de Antonio Callado, considerado um dos mais importantes romances brasileiros da década de 1960. O filme conta a história de dez anos da vida do padre pernambucano Nando, vivido por Tauma-

**Ruy, Claudia Ohana e Ney Latorraca na filmagem de
"A Fábula da Bela Palomera", 1987**

turgo Ferreira. Em crise existencial, ele relembra o seu envolvimento político no período entre 1954 e 1964, antes do golpe militar, a sobrevivência na clandestinidade e a luta contra as tentações da carne, simbolizadas por sua paixão pela jovem Sônia, vivida por Fernanda Torres, que está sendo procurada por uma expedição. *Kuarup* foi uma grande produção, que trazia o desafio de transpor uma imensa saga literária no tempo de um longa-metragem comercial. Resumir 500 páginas em cerca de duas horas de filme obrigou o diretor a, segundo ele, "transigir com a minha convicção". A própria filmagem foi uma saga, como relembrou Fernanda Torres:

> *As filmagens de Kuarup são mais fiéis ao espírito do livro de Antônio Callado do que o próprio filme. Às vezes isso acontece. Publicado em*

*1967, Quarup narra a saga de padre Nando, homem que sofre na alma
e na pele as transformações vividas pelo Brasil, do suicídio de Getúlio
até a ditadura militar. O núcleo da narrativa traça a aventura de um
grupo de brasileiros que se enfurna nos cafundós do Planalto Central
para demarcar o centro geográfico do país. Os personagens, cada um à
sua maneira, se juntam à expedição por razões idealistas, românticas,
éticas e científicas, mas acabam fazendo uma viagem para dentro de si
mesmos. O marco geográfico se revela um lugar hostil, habitado por um
gigantesco formigueiro de saúvas agressivas. Nós, atores, produtores,
técnicos e o diretor, éramos como os heróis da literatura, submetidos a
pressões físicas e culturais semelhantes. Esse era o choque que o filme
desejava captar em celuloide.*

Foram quatro meses de filmagem no meio da mata, no desafio de transpor toda
uma estrutura de grande produção para um lugar distante e de difícil acesso.
Em longa reportagem publicada na Folha de S. Paulo em 26 de setembro de 1988,
Fernando Gabeira narrou o cotidiano da filmagem e a relação estabelecida com
os índios:

> *Pela primeira vez na história, em troca de geradores e barcos a motor,
> os índios do Alto Xingu encenaram uma cerimônia do Quarup, ritual da
> lembrança dos mortos, para ser mostrada no filme do mesmo nome,
> baseado no romance de Antonio Callado e dirigido por Ruy Guerra. O
> filme é um projeto de cinco milhões de dólares, que revolucionou o
> Parque do Xingu, criado pelos irmãos Villas Boas, em 1961, dividindo as
> tribos entre as que aceitam entrar no mundo dos espetáculos para ob-
> ter melhores recursos técnicos e as que defendem o isolamento como
> forma de sobrevivência cultural.*
>
> *O Quarup deste ano foi celebrado na aldeia dos Yawalapitis, distante
> três quilômetros do lugar onde a equipe do filme instalou seu acam-
> pamento de 50 barracas e mantém uma ponte aérea com a cidade de
> Canarana, no Mato Grosso, de onde vem parte dos alimentos e objetos
> que se consomem. Como não houve mortos para se lembrar, este ano,*

MacSuara Kadiwel e Claudia Raia em "Kuarup", 1989

os índios fizeram um Quarup em homenagem ao avô do cacique Aritana e mais duas pessoas cujo desaparecimento já foi celebrado. De um modo geral, a tribo que comemora dá os alimentos, bolo de mandioca e peixe, mas dessa vez quem pagou tudo foi a produção do filme.

[...] O encontro da produção do filme com as tribos foi um encontro também entre o mundo mágico e o tecnológico. Foi instalado no Xingu o que há de moderno, em termos das possibilidades brasileiras. Por exemplo, foi importada uma grua computadorizada, que deu problemas e obrigou a chamar técnicos estrangeiros às pressas.

O próprio movimento do filme já significou também uma alteração no cotidiano das tribos. Dois aviões chegando diariamente, um rádio conectando Posto Leonardo com o resto do mundo, caraíbas (assim são chamados os brancos) querendo comprar lembranças do lugar – são sinais dos novos tempos.

Mas, mesmo com todo o envolvimento da equipe e o recurso financeiro, o resultado do filme foi frustrante para os envolvidos, de realizadores a produtores. A recepção crítica foi principalmente negativa, muito em resposta a um clima de hostilidade que o projeto enfrentava desde sua anunciação. A crítica Lúcia Nagib, embora percebesse que havia no filme os vícios de produção do seu tempo, especialmente os padrões estéticos impostos por uma produção internacional, fez uma excelente análise no calor da hora, não só da obra, como da sua recepção:

> *Muito antes de aparecer, Kuarup já tinha alvoroçado os ânimos da crítica brasileira. O nome de Ruy Guerra, associado ao de Antônio Callado, a produção milionária, a legião de atores famosos, a Amazônia unida à questão ecológica e finalmente a seleção para o Festival de Cannes forneceram elementos de sobra para a sensação, antes mesmo que avaliassem as qualidades reais do filme. Mas tenho a impressão de que, por trás disso, havia algo mais, algo como um prazer maldoso advindo da certeza de que "Kuarup", o filme, jamais poderia se igualar a "Quarup", o romance. De que o Ruy Guerra de hoje jamais seria o Ruy de Os Fuzis. Em suma, de que o filme resultaria num fracasso.*
> *Essa expectativa devia, no entanto, suscitar antes de tudo preocupação. Pois se baseia na convicção de que o nosso cinema se tornou incapaz de um mergulho profundo na história e na alma brasileira, como faz o romance de Callado, ou, por extensão, de que a arte perdeu o pé na realidade e o artista está decididamente divorciado da reflexão política. O filme, de fato, parece confirmar essas previsões – em parte, naturalmente, de forma consciente. Já não tem intenções transformadoras nem traz atores engajados, como o Nélson Xavier, o Hugo Carvana, o Átila Iônio de Os Fuzis, que se misturavam às populações oprimidas do Nordeste, à realidade crua da seca, para que aparecessem em sua própria pele os sofrimentos que iam representar. Não existe mais nem sombra da famosa "estética da forme", extraída da precariedade dos recursos, da instável câmera na mão, do corte seco e incoerente, ditado em primeiro lugar pelos acontecimentos que se produziam de forma quase espontânea diante da câmera. Ruy Guerra é certamente outro.*

Taumaturgo Ferreira em "Kuarup", 1989

Seus atores não vêm mais do palco vivo do teatro, mas da artificial tela de TV.

No entanto, não consigo ver neste Kuarup de hoje um mero capricho de um diretor saudosista. Parece-me antes a tenacidade de um projeto que começou ainda em 1967, quando saiu a primeira edição do romance. Naquela época, resistindo ao golpe militar, ainda se desenvolvia o sonho do Cinema Novo de fazer o mapeamento histórico e político do Brasil. Glauber filmava a alucinação do poder (Terra em Transe), Cacá Diegues, a desintegração social (Os Herdeiros), Guerra, o messianismo e o delírio dos oprimidos, que culminaram com o violento Os Deuses e os Mortos, de 1970. Nada mais digno, portanto, do que completar esse vasto panorama, deixado inacabado, com a filmagem de Quarup, que justamente tentava abarcar todas as formas de que o brasileiro se utilil-

zou para se apossar de sua própria terra, desde a República Guarani até os movimentos guerrilheiros dos anos 1960. O grande foco de atração nessa temática é, certamente, para Ruy, a dimensão épico-fantástica de nossa história, aspecto ainda tão pouco explorado no cinema brasileira, e se hoje seu filme parece um Herzog aprés coup, não podemos esquecer que Aguirre, A Cólera dos Deuses *(um pioneiro do "épico amazônico") existe graças a Ruy Guerra, que nele aparece não apenas como um dos atores principais, mas como fonte mesmo da ideia original.*

Assim, Ruy finalizou a década de 1980 numa situação dúbia: de um lado, tinha finalmente conseguido uma inserção de mercado, criando filmes com maior estrutura e repercussão. De outro, era cobrado exatamente por estar lidando com o mercado, com os custos de linguagem que esta relação demandava. Poucos críticos possuíam a compreensão de Lucia Nagib, de que não era apenas Ruy que agora era outro, mas também o cinema brasileiro: "A verdade é que hoje o cinema brasileiro (e não só) está 'condenado' à superprodução, ao financiamento estrangeiro, para poder existir. Assim, o pretenso refinamento estético resultante, ao qual Ruy Guerra sucumbiu, não passa do retrato irônico da miséria cultural, única realidade cinematográfica possível de um país que se tornou incapaz de sustentar o próprio cinema".

Os primeiros anos da década de 1990 foram terríveis para a produção cultural brasileira como um todo, em consequência da crise e da destruição institucional realizada pelo Governo Collor. O cinema brasileiro só esboçaria uma retomada em 1995, que se concretiza realmente na década seguinte, com o estabelecimento de políticas culturais e incentivos à produção audiovisual. O caso de Ruy não seria diferente: passou a década praticamente sem nenhuma produção nova, só lançando um novo longa-metragem em 2000. Não que tenha sido uma década perdida. Entre outras coisas, Ruy colaborou na fundação da Escola de Cinema Darcy Ribeiro, onde começou a lecionar. Uma nova forma de exercitar seu amor pelo cinema, que contagiou gerações de alunos.

O retorno de Ruy para as filmagens se deu novamente com uma adaptação de Chico Buarque, desta vez do romance *Estorvo*. O filme traz como protagonista o ator cubano Jorge Perugorría, que interpreta EU, um tipo de estrangeiro em si mesmo e no mundo. Um personagem marcado pela ideia de perseguição, que perambula pelas cidades do Rio de Janeiro, Lisboa e Havana. Segundo a sinopse, o filme é "o pesadelo existencialista de um personagem anônimo que vaga por uma grande cidade de hoje, acossado, desconfiado de tudo e de todos, afrontando a violência cotidiana, o seu próprio passado, os seus fantasmas. Nessa fuga sem destino, revê amigos, busca a família e se envolve com uma série de personagens extremados, na tentativa de descobrir o enigma de sua caminhada".

Na época de lançamento do filme, Ruy concedeu a longa entrevista, já citada, para a revista Cinemais. Nela, contou sobre a criação de *Estorvo*:

> *Eu estava em Havana – curiosamente, acabei filmando uma parte na cidade, o que foi por coincidência – e a filha do Chico estava lá fazendo um estágio de montagem comigo. O Chico mandou o livro antes de ser publicado e eu li. De imediato, surgiu a ideia de um filme. Mas aquilo ficou trabalhando na minha cabeça, porque o livro tem uma estrutura narrativa que me interessa profundamente, uma coisa que estou perseguindo já há algum tempo, que é, justamente, trabalhar a noção de tempo no cinema. Tem essa diversificação do imaginário, do real e do passado, sem que haja códigos de leitura para encaminhar cada uma dessas dimensões. Eu me disse: é uma estrutura que me interessa.*
>
> *Então, partiu de um pressuposto de linguagem, mais do que propriamente da temática. Embora, evidentemente, me interesse a temática do livro, que é de uma modernidade muito grande, na medida em que há um personagem completamente perdido na sociedade de hoje, um personagem acuado, que tem dificuldade de passar da infância para o estágio adulto, que tem dificuldade de se adaptar a um novo mundo, que se refugia num sítio que é o mundo da infância. Tudo isso me interessava como temática, mas basicamente o que me interessou foi a manipulação do tempo, a forma com que era utilizado o tempo. Foi o ponto de vista estrutural mesmo que me interessou.*

Se, na obra de Ruy, a questão metalinguística sempre foi um elemento presente, unindo o fazer e o pensar cinema, é em *Estorvo* que esse procedimento se torna mais central. Segundo a crítica Andréa França,

> *O protagonista, EU, age na tela e supõe-se que veja tudo que o rodeia de forma caótica, inabitável. Sua realidade é marcada pelo sentido de encarceramento eletrônico (câmeras de vigilância, videogames, olho mágico, telefone, interfone, corredores imensos), pelo incômodo de estar fora de lugar e de não ter nenhum lugar para ser/estar. Ao mesmo tempo, a câmera o vê e documenta seu mundo de um outro ponto de vista. É que existe, ao longo do filme, um "estar com" da câmera, um estar junto dos acontecimentos, nem dentro nem fora, mas presente e com potencialidade própria.*
>
> *É esse "estar com" que também aparece na cena da discussão, em A Queda (1977), expressando o estado anormal de uma atuação que deveria ser festiva. Em Estorvo, diferentemente, existem duas visões contínuas que dialogam sem cessar: a subjetiva do olhar interior dos personagens, o "eu" que está em cena, e a objetiva do ponto de vista da câmera do do narrador, cuja voz over também diz "eu", mas é uma outra voz, impassível, desinteressada, um português com outro sotaque, diferente daquele emitido pelo "eu" em cena (trata-se da voz do próprio diretor). Há, portanto, uma fissura do "eu", que se torna a um só tempo narrador e personagem, por um lado, espectador e personagem, por outro. Esta disjunção narrativa afeta as imagens, o espaço-tempo, os sons e as relações entre eles. Os planos aberrantes e distorcidos (da sola do pé, da boca que grita), neste sentido expressam o efeito vivo da sensação de estorvo: não se trata de representar este sentimento com ações, situações, fatos, mas apresentar um estado doente de mundo, onde tanto o personagem, como o narrador, têm dificuldades em enquadrar, reconhecer, reter. Existe uma disjunção radical entre discurso e linguagem, entre falar e ver.*
>
> *Estorvo produz um grande estranhamento. Ao diluir as concepções tradicionais de identidade (de território, de línguas, de tempo), o filme*

Cena de "Estorvo", 2000

coloca em xeque o pensamento da fronteira como aquilo que separa o que "mesmo" do que é "outro", que separa quem filma e quem é filmado, demandando uma outra experiência (estética) feita de excessos de sujeitos de enunciação, de sotaques, de espaços-tempos coexistentes: as cidade de Havana, Rio de Janeiro e Lisboa são contíguas e indistintas, assim como presente, passado e futuro são dimensões que se misturam, se hibridizam. As fronteiras foram subvertidas, diluídas, aniquiladas. É o estorvo, esse sentir.

O estranhamento de linguagem, a busca de formas não-convencionais de narrativas, criando uma desnaturalização da representação que não está em código fechado de gênero, mas na própria concepção fílmica, acompanhou toda a obra de Ruy Guerra, mas talvez seja o elemento mais importante de sua produção tardia. Como ele mesmo afirma, é um elemento derivado da percepção de que a linguagem cinematográfica é essencialmente criativa:

> *A linguagem cinematográfica é a transcrição de um tempo, é uma leitura humana do espaço e do tempo real, uma transcrição para um espaço e tempo diferenciado, o da ficção. Se você aceita que mesmo o plano sequência em som direto é uma transcrição, é outro espaço e outro tempo, porque está enquadrando, está selecionando, está inventando, então chegamos ao plano sequência que me interessa.*
>
> *Existe uma diegetização da linguagem que imperou até hoje, e eu acho que é tempo de romper com isso. É tempo de aceitar as rupturas de linguagem, é tempo de aceitar rupturas do tempo, que são a própria linguagem, no seu fundamento mais básico e cinematográfico. A linguagem começou no cinema quando? Quando houve o primeiro corte dentro do mesmo espaço e tempo. A partir dessa ruptura se criou a linguagem.*
>
> *Existe um conceito que eu chamo de diegetização da realidade, tornar as coisas naturalistas, quando eu acho que o cinema não é naturalista. É a coisa mais antinatural que tem: você está aqui, eu estou olhando para você, e de repente uma câmera passa lá para cima, nos vê de cima.*

A vocação última do cinema é a criação de espaços dramáticos e de tempos dramáticos, é o olhar sobre o real. E olhar o real não é a transposição mimética do real, ponto a ponto.

Acima de tudo, está em jogo para Ruy trabalhar em linguagens não-padronizadas. Como costuma provocar seus alunos, se fosse para ensinar a fazer filmes norte-americanos, o faria em três horas. O que interessa, para Ruy, é pensar a liberdade da linguagem cinematográfica:

O cinema americano dos anos 1940 e 195 era um cinema muito mais rico, mais vital em todos os sentidos que ele é hoje. Quero dizer que a linguagem da dramaturgia aplicada ao cinema americano está, absolutamente, como uma receita de bolos, em que há a maneira de começar, a maneira de acabar, a primeira virada, a segunda virada, o final

abrupto. Uma série de regrinhas que vêm da Antiga Grécia, mas que são reduzidas e são impostas com rigidez, o que não tem nada a ver com as experiências do teatro grego. Pelo contrário, colocando um paradigma redutor, esquemático e, dentro dessa fórmula, estão a querer que toda a cultura, de todos os países e da própria cultura norte-americana, caiba dentro disso. E não cabe dentro desse modelo. O modelo do herói, do antagonista, o protótipo do individualista, enfim, os valores da sociedade norte-americana, está incrustado dentro desse modelo. Isto para dizer que é um sistema impositivo e que não retrata nenhuma cultura, nem a própria cultura norte-americana.

Esse cinema está a imbecilizar o público, autenticamente imbecilizando o público. É só trocar o advogado pelo cowboy, pelo pirata, pelo padeiro e os conflitos são os mesmos. Tanto que, hoje em dia, é assustador, há um software que escolhe a profissão, escolhe o conflito, escolhe o lugar, onde quer que se passe, num elevador ou num navio pirata ou numa praia, e depois o software faz a historinha sozinho. Estão a robotizar o cinema, além de tentarem robotizar o ser humano, e querem que isso seja o cinema que é feito em toda a parte do mundo, quando ainda dão espaço. Os governos de cada país ainda dão espaço para exibição, porque esse cinema, em certos países, na maioria dos países, ocupa 80% da tela, outros 90% e outros quase 100%. Talvez a França seja o único caso que tem mais de 50% da tela ocupada com produções nacionais.

Esse cinema norte-americano é um cinema que só está fabricando idiotas e, como o espectador já sabe o que é aquele caminho, vê aquele filme e entende aquele filme muito bem, é digerido muito facilmente e esquece-se que o cinema não é para ser só isso. É para ser um divertimento, sem a menor dúvida, mas também para ser muitas coisas mais.

Essa postura radical seguiu pela trajetória de Ruy Guerra, levando-o para um lugar de desconforto de recepção. Ruy não transigiu, e certamente tornou-se estranho frente a um público cada vez mais desacostumado em experienciar diferentes modos de cinema. Mas, antes de fazer o seu próximo filme estritamente autoral, participa de dois projetos em Portugal. O primeiro deles, *Monsanto*, lançado em 2000, conta a história de Rui Sequeira, um ex-combatente da Guerra Colonial que, morando numa pequena vila do Alentejo, festeja o aniversário da Revolução dos Cravos junto com a sua mulher e a sua filha. Na noite de celebração, a morte de um amigo traz à tona um passado conflituoso que há muito estava adormecido. É um filme onde Ruy retorna à questão das Guerras Coloniais, agora vista pela perspectiva de Portugal.

O segundo filme, *Portugal S/A*, de 2003, conta a história de Jacinto, um administrador de um grande grupo econômico. Ele se vê no meio de um jogo de interesses, envolvendo dois amigos de infância, um que se tornou ministro de Estado e outro que é um importante político de oposição. Realizado como um retrato político de Portugal do começo do século XXI, o filme é "uma metáfora satírica de um país onde tudo se compra e tudo se vende".

De volta ao Brasil, Ruy realiza em 2006 a sua terceira adaptação cinematográfica da obra de García Marquez, *O Veneno da Madrugada*. A trama, marcada novamente, como em *Estorvo*, pela chuva constante e a lama, que aqui fazem parte do cotidiano dos habitantes de um pequeno povoado, onde as construções decadentes revelam a expectativa de um progresso que não se realizou, fala sobre o impacto que acontece naquele ambiente estagnado, quando bilhetes anônimos são espalhados pela cidade, denunciando traições amorosas e políticas, assassinatos, romances secretos e segredos de família.

Mas, mais do que isso, o que interessa novamente em Ruy Guerra é a desconstrução, desta vez do fluxo do tempo. Segundo o crítico Carlos Alberto Mattos,

> *Ao transpor o romance* La Mala Hora *(o título em espanhol se refere à hora da morte), Guerra quebra a linearidade da história de Gabo, relatando em três tempos uma intriga político-conjugal numa pequena aldeia de um país não identificado, supostamente da América Latina. Utilizando-se das teorias da física quântica, Guerra dispara as flechas do tempo em regime de falsa simultaneidade. Vemos os fatos se desenrolarem três vezes consecutivas. As elipses vão se preenchendo progressivamente, mas com algumas diferenças que parecem mudar o rumo dos mesmos acontecimentos. A "realidade" nos chega, então,*

como um feixe de possibilidades, em lugar de uma sequência única de ações. O tempo como fluxo é anulado.

Em entrevista para Eduardo Portanova, Ruy discorreu sobre esse uso da concepção quântica de tempo no filme:

Coisas contrárias coexistem. Há coisas que são planas e redondas ao mesmo tempo. A luz é ao mesmo tempo onda e ponto. É algo que não concebemos. Utilizei esse conceito em O Veneno da Madrugada. A gente olha a realidade de uma determinada forma, que é cartesiana, newtoniana, euclidiana, mas, no século XX, quando entram os conceitos

Ruy e Gabriel Garcia Marques, anos 1980

Ruy filmando Leonardo Medeiros em "O Veneno da Madrugada", 2005

da física subatômica, de Einstein, irá se provar que coisas contrárias
coexistem. A realidade é uma maneira de olhar, e não uma coisa em si.
Acho, então, que dá para integrar esse conceito ao cinema, e foi o que
fiz em O Veneno da Madrugada. É o primeiro romance do García Márquez, ainda naturalista, e nem é do realismo mágico. Peguei e transfor-
mei-o: quer dizer, não alterei o livro, mas o reescrevi como ele próprio
o teria feito. Gabo comentou com um amigo meu: "O fdp do Ruy des-
troçou o meu romance, mas fez um filme admirável". Depois, me disse:
"Se nós tivéssemos escrito esse roteiro juntos, teria sido exatamente
como você fez". É um filme em que a história vai até um ponto, volta
atrás, completam-se coisas que não foram contadas, volta atrás e volta,
mais uma vez, a contar coisas que não foram contadas mais adiante.
As contradições podem existir, e mais: não só podem, como existem, só
que em outro universo.

Neste nosso universo, não vemos assim: fomos criados como mamíferos e primatas para podermos sobreviver aqui. O tempo e o espaço são representações da nossa espécie. O "umwelt" é a bolha espaço-temporal de cada espécie. Dito de outra forma: você vive, através dos sentidos, conforme uma noção de tempo e espaço que permita a sua sobrevivência. Nós somos ficção. Nossas representações do mundo são falsas: "O mundo externo não existe, mas temos de inventá-lo para podermos viver". O nosso universo do pensamento é criado para a nossa verdade. No microscópio, vemos que as coisas são diferentes. Mas criamos um mundo para vivermos com estabilidade. Eu procuro trabalhar com certos conceitos de espaço e tempo que me permitam usar essa liberdade para colocar conflitos de forma diferenciada. É uma relação umbilical com a minha forma de sentir. O cinema é a única forma de expressão que visualiza o tempo: dá ao tempo uma imagem sensível, de trás para adiante, por exemplo. Não me interessa contar uma história dentro de um paradigma linear. O espectador tem o direito de inventar e perceber coisas que até você, na condição de cineasta, não percebeu que estivesse contando. É o espaço do imaginário.

Em 2016, Ruy lançou *Quase Memória*, esperada adaptação do romance de Carlos Heitor Cony. Um projeto que, assim como o de *Kuarup*, demorou cerca de duas décadas entre a sua concepção primeira e a realização final. No filme, Ruy cria uma caracterização mais próxima do teatro do que do cinema em si. Novamente, é uma forma de se criar estranhamento. O diretor já havia declarado, anos antes: "O teatro me interessa justamente na medida em que foge ao naturalismo. Teatro para mim é um espaço e tempo completamente fora do plano do real, como eu acho que cinema também é. Mas o teatro mais ainda".
Segundo o crítico Rodrigo Fonseca,

> *Se no filme existe algum cais de observação da pesquisa narrativa empreendida por Ruy, que sirva como ponto de partida para a compreensão, este seria o encontro entre duas versões de uma mesma pessoa: o jornalista Carlos Campos, vivido de um lado por Tony Ramos (num*

Tony Ramos e Charles Fricks em "Quase Memória", 2016

trabalho mesmerizante) e de outro por Charles Fricks (numa mimese equilibrada do trabalho do colega). Não se sabe ao certo o porquê de eles se encontrarem na casa do velho Carlos: estima-se ser fruto de uma dobra temporal e estima-se ser um delírio de velhice. Sabem apenas que o motivo do encontro é uma conversa sobre ausência: a falta que o pai, Ernesto, encarnado com maestria por João Miguel, deixou em ambos. A partir daí, eles se embrenham por uma jornada pelo passado, seja o pretérito do real, seja o pretérito imperfeito da invenção, uma vez que ambos os Carlos, jornalistas, são, no fundo, contadores de histórias. Sentados em suas poltronas, um paralelo ao outro, reféns da condição de espectador passivo de sua própria história e da História brasileira, Carlos velho e Carlos jovem vão contabilizando os resquícios do pai, Ernesto, em seus feitos mirabolantes, tendo como bússola a fixação deste por balões. Como tudo é farsesco, toda a direção de arte e todos os fi-gurinos, têm um excesso de cores e de detalhes, com exceção do balão que une pai e filho numa cena lúdica – de extrair lágrimas –, usando o objeto voador como metáfora para a liberdade da rememoração. Ex-cessos de tom também marcam as atuações, mas de modo consciente, como comprova o trabalho cativante de João Miguel. Ele faz do perso-nagem um Forrest Gump, capaz de interferir em episódios importantes da evolução histórica brasileira com suas maluquices.

A reboque de suas peripécias, Carlos vai resgatando os amigos igual-mente exóticos do pai. Sua trupe inclui o crítico de teatro Mário Flores (Julio Adrião), o dândi negro Ministro (Flávio Bauraqui) e o velho de farda Capitão Giordano, defendido por Antônio Pedro como um ser ca-paz de estimular a audácia alheia. Esse exército de Brancaleone injeta humor no filme até que este se encaminhe para uma instância dramá-tica de poesia, quando filho e pai acertam as contas. Ali, Ruy dá a Tony Ramos chance de solar toda a experiência acumulada ao longo de uma vida dedicada a atuação, deixando para o público uma aula de beleza plástica e fé nos poderes autorregenativos do cinema.

Em 2020, Ruy Guerra lançou seu longa-metragem mais recente, *Aos Pedaços*. É um filme com desenvolvimento que beira o teatral e fotografia em preto e bran-co de alto contraste, remetendo aos seus primeiros filmes e criando um clima introspectivo, que é ressaltado pelos longos monólogos dos personagens. Com trama original de Ruy e escrito em parceria com Luciana Mazzotti, o filme conta a história de Eurico Cruz, um homem casado com duas esposas, uma que mora na beira do mar e outra no deserto, que um dia recebe um bilhete prenunciando a sua morte. A partir, disso, a história se desenrola em torno dos medos e neuro-ses dos personagens. Com o filme, Ruy foi novamente premiado, desta vez como melhor direção no Festival de Gramado.

Segundo o crítico Bruno Tavares,

A história original de Ruy Guerra se baseia em dois pilares. O primeiro é a clássica relação entre amor e morte (Eros e Tânatos). Eurico espera que seu fim seja decretado por uma das esposas a quem tanto ama. Essa desconfiança cria no protagonista neuroses e incertezas alimentadas por Eleno, um tipo de alter ego fantasiado de culpa cristã. O segundo pilar é a lógica do duplo (doppelgänger). Ana e Anna são versões óbvias de uma mesma mulher, representando aqui os dois lados de uma moeda, opostas ainda que semelhantes.

Partindo dessa constante dualidade, o protagonista embarca num labirinto de neuroses onde fantasia e realidade se misturam. Essa sensação é intensificada por uma ambientação indefinida. Não sabemos onde nem quando a história se passa, muito menos em qual período de tempo.

O tom introspectivo da trama é intensificado pelo texto, que contém poucos diálogos e muitos monólogos repletos de falas que podem servir como pontapé para reflexões mais profundas. Esse fato permite que os atores façam boas escolhas, entregando performances dedicadas e, por vezes, hipnotizantes. Aos Pedaços diferencia-se também por usar a narração, realizada por Arnaldo Antunes, de maneira inteligente, tornando-a parte da história e não apenas uma muleta para o roteiro.

Ruy chega aos 90 anos ainda atuante, escrevendo o roteiro de seu novo projeto. E com uma obra que passou por diferentes momentos sem perder a sua força e coerência interna. Do cinema político dos anos 1960 e 1970 ao namoro com o cinema comercial nos anos 1980 e a volta ao radicalismo experimental nos anos 2000, sempre houve um fio vermelho que acompanha os seus filmes, marcado por uma profunda reflexão sobre a linguagem cinematográfica unida a uma consequente atuação política. Como certa vez declarou, "toda estética é política, e eu procuro uma estética que esteja vinculada às minhas concepções políticas e ideológicas".

Mas Ruy sempre fez isso sabendo que não há como abarcar de forma integral o mundo na linguagem. Há sempre o estranho e o mágico, o que está fora de quadro, o grande espaço do indizível e do imaginário. Como nos versos de Fernando Pessoa que tanto ama: "Sou um técnico, mas só dentro da técnica. Fora dela, sou um doido, com todo o direito de sê-lo".

SOBRE O AUTOR

Ruy Guerra nasceu em 22 de agosto de 1931, em Moçambique, então colônia africana portuguesa às margens do Oceano Índico. Aos 20 anos, se mudou para Paris, onde estudo cinema no IDHEC. Em julho de 1958, veio para o Rio de Janeiro, onde se tornou um dos expoentes do Cinema Novo e seguiu extensa carreira cinematográfica. Além de cineasta, é reconhecido como um importante letrista, com parcerias com músicos como Chico Buarque, Edu Lobo, Francis Hime e Milton Nascimento. Aos 90 anos, continua atuante, compondo, escrevendo e dirigindo filmes.

FILMOGRAFIA

LONGA-METRAGENS

Os Cafajestes
(1962, Brasil, 100 min, 35 mm, p&b)
Elenco: Jece Valadão, Norma Benguel, Daniel Filho, Glauce Rocha
Argumento: Miguel Torres e Ruy Guerra
Roteiro: Ruy Guerra
Produção: Gerson Tavares, José Sanz e Jece Valadão
Assistência de Direção: Sérgio Sanz e Ivan Souza
Montagem: Nelio Melli e Zélia Feijó
Música: Luiz Bonfá

Os Fuzis
(1964, Brasil, 103 min, 35 mm, p&b)
Elenco: Nelson Xavier, Átila Iório, Paulo César Pereio, Hugo Carvana, Maria Gladys, Ruy Polanah, Joel Barcelos, Antônio Pitanga
Argumento: Ruy Guerra
Roteiro: Ruy Guerra e Miguel Torres
Produção: Jarbas Barbosa
Assistência de Direção: Cecil Thiré

Cenografia: Calazans Neto
Montagem: Raimundo Higino e Ruy Guerra
Música: Moacir Santos

Sweet Hunters – Ternos Caçadores
(1969, Brasil-França-Panamá, 102 min, 35 mm, cor)
Elenco: Sterling Hayden, Maureen McNalley, Susan Stransberg, Stuart Whitman
Argumento: Ruy Guerra, Philippe Dumarçay e Gerar Zingg
Roteiro: Ruy Guerra
Produção: Claude Giroux
Fotografia: Ricardo Aronovich
Montagem: Kenout Peltier
Música: Edu Lobo

Os Deuses e os Mortos
(1970, Brasil, 97 min, 35 mm, cor)
Elenco: Othon Bastos, Norma Bengel, Ruy Polanah, Ítala Nandi, Nelson Xavier, Dina Sfat, Monsueto Menezes, Milton Nascimento
Argumento: Ruy Guerra, com colaboração de Paulo José e Flávio Império
Roteiro: Ruy Guerra
Produção: César Thedim e Paulo José
Fotografia: Dib Lufti
Assistência de direção: Ruy Polanah e Ronaldo Bastos
Montagem: Ruy Guerra e Sérgio Sanz
Música: Milton Nascimento

A Queda
(1977, Brasil, 110 min, 35 mm, cor)
Elenco: Nelson Xavier, Lima Duarte, Isabel Ribeiro, Hugo CarvanaArgumento: Ruy Guerra e Nelson Xavier
Roteiro: Ruy Guerra e Nelson Xavier
Montagem: Ruy Guerra
Música: Milton Nascimento e Ruy Guerra

Mueda – Memória e Massacre
(1979-1980, Moçambique, 80 min, 16 mm, p&b)
Elenco: Filipe Gunoguacala, Romão Camapoquele, Baltasar Nchilema, Maurício
Machimbuco, Alfredo Mitaponsunji, Cassiano Cornelio, Antonio Jumba
Argumento: Ruy Guerra
Roteiro: Ruy Guerra, baseado em texto coletivo de peça dirigida por Calisto dos
Lagos
Produção: INC – Instituto Nacional de Cinema de Moçambique
Fotografia: Ruy Guerra e Fernando Silva
Montagem: Ruy Guerra

Erendira
(1982, Brasil-México-França-Alemanha, 109 min, 35 mm, cor)
Elenco: Claudia Ohana, Irene Papas, Michel Lonsdale, Pierre Vaneck
História Original e Roteiro: Gabriel García Márquez
Produção: Alain Queffélean
Fotografia: Denys Clerval
Assistência de direção: Ruy Polanah e Ronaldo Bastos
Montagem: Kenout Peltier e Jeanne Kef
Música: Maurice Lecouer

Ópera do Malandro
(1985, Brasil-França, 100 min, 35 mm, cor)
Elenco: Edson Celulari, Ney Latorraca, Cláudia Ohana, Elba Ramalho, Wilson
Grey
Argumento: Baseado na peça "Ópera do Malandro", de Chico Buarque de Holanda
Roteiro: Ruy Guerra, Chico Buarque de Holanda e Orlando Senna
Produção: Marin Kamitz e Ruy Guerra
Fotografia: Antônio Luís Mendes
Coreografia: Regina Miranda
Montagem: Rmair avares e Idê Lacreta
Música: Chico Buarque de Holanda

A Fábula da Bela Palomera

(1987, Brasil-Espanha, 90 min, 35 mm, cor)

Elenco: Ney Latorraca, Cláudia Ohana, Tânia Carrero, Dina Sfat, Chco Diaz, Cecil Thiré

Argumento: Baseado em "O Amor em Tempos de Cólera", de Gabriel García Marquez

Roteiro: Ruy Guerra e Gabriel García Marquez

Produção: Max Marambo e Ruy Guerra

Fotografia: Edgar Moura

Montagem: Mair Tavares

Música: Ruy Guerra e Egberto Gismonti

Kuarup

(1989, Brasil, 118 min, 35 mm, cor)

Elenco: Taumaturgo Ferreira, Cláudia Raia, Cláudia Ohana, Maitê Proença, Lucélia Santos, Stênio Garcia, Ruy Polanah

Argumento: Adaptação do romance "Quarup" de Antônio Callado

Roteiro: Ruy Guerra e Rudy Lagemann

Produção: Roberto Fonseca, Paulo Brito e Ruy Guerra

Fotografia: Edgar Moura

Cenografia: Hélio Eichbauer

Montagem: Mair Tavares

Música: Egberto Gismonti

Estorvo

(2000, Brasil, 95 min, 35 mm, cor)

Elenco: Jorge Perugorria, Bianca Byington, Xandô Graça

Argumento: Adaptação do livro "Estorvo", de Chico Buarque de Holanda

Roteiro: Ruy Guerra

Produção: Bruno Tropana, Bruno Cerveira e Jom Tob Azualy

Fotografia: Marcelo Durst

Montagem: Mair Tavares

Música: Egberto Gismonti

Monsanto

(2000, Portugal, 90 min, vídeo-telefilme, cor)

Elenco: Vitor Nobre, Maria D'Aires, João Lagarto, Paula Neves

Argumento: Ruy Guerra, com colaboração de Paulo José e Flávio Império

Roteiro: Vicente Alves de Ó

Produção: Cunha Teles

Fotografia: José Antônio Loureiro

Montagem: Pedro Ribeiro

Música: Luís Cília

Portugal S/A

(2003, Brasil, 95 min, 35 mm, cor)

Elenco: Diogo Infante, Cristina Câmara, Henrique Viana, Ana Bustorff, Maria do Céu Guerra

Argumento: Carlos Vale Ferraz e Alberto Fernandes

Roteiro: Carlos Vale Ferraz

Produção: Tino Navarro

Fotografia: Amílcar Carrajola

O Veneno da Madrugada

(2004-2005, Brasil-Argentina-Portugal, 118 min, 35 mm, cor)

Elenco: Leonardo Medeiros, Juliana Carneiro da Cunha, Rejane Arrunda, Maria João Batista, Nilton Bicudo, Zózimo Bubul

Argumento: Baseado no livro "La Mala Hora", de Gabriel García Marquez

Roteiro: Ruy Guerra e Tarrone Feitosa

Produção: Bruno Stroppiana

Fotografia: Walter Carvalho

Assistência de direção: Janaína Diniz

Montagem: Mair Tavares

Música: Guilherme Vaz

Quase Memória
(2018, Brasil, 97 min, 35 mm, cor)
Elenco: Tony Ramos, Charles Fricks, Mariana Ximenez e João Miguel
Argumento: Ruy Guerra, com colaboração de Paulo José e Flávio Império
Roteiro: Diogo Oliveira, Bruno Laet e Ruy Guerra
Produção: Juca Diaz
Montagem: Rodrigo Lima
Música: Tato Taborda

Aos Pedaços
(2020, Brasil, 97 min, 35 mm, cor)
Elenco: Emílio de Mello, Simone Spoladore e Christiana Ubach
Argumento: Ruy Guerra
Roteiro: Ruy Guerra e Luciana Mazzotti
Produção: Janaina Diniz Guerra
Fotografia: Pedro Baião

CURTAS E MÉDIAS METRAGENS

Quand Le Soleil Dort
(1954, França, 10 min, 35 mm, pb)
Elenco: Pierre Francis James, Bruno Balt, Maria B. Leite
Argumento: Baseado no romance Le Hommes et Les Autres, de Elio Vitorinni
Roteiro: J. Duval
Prova final no curso de cinema do IDHEC-França

Orós
(1959, Brasil, inacabado)

Cavalo de Oxumaré
(1960, Brasil, inacabado)

Operação Búfalo
(1978, Moçambique, 25 min, 16mm, p&b)
Produção: INC-Moçambique

Danças Moçambicanas
(1979, Moçambique, 8 vídeos, 35mm, cor)
Produção: INC-Moçambique

Um Povo Nunca Morre
(1980, Moçambique, 16mm, cor)
Roteiro: Lucínio de Aezvedo
Produção: INC – Instituto Nacional de Cinema
Fotografia: Edgar Moura

Histories Extraordinaires: La Lettre Volée
(1981, França-Portugal, 50 min, 16mm, cor)
Argumento: Adaptação do conto de Edgar Allan Poe
Roteiro: Gerard Zingg e Ruy Guerra
Fotografia: Antonio Escudeiro
Montagem: Kennout Peltier e Betty Servouse

Talk To Me
(Videoclipe, 1984, Estados Unidos, 6 min, cor)
Roteiro: Ruy Guerra, sobre música da banda I Am Sian
Fotografia: Pedro Farkas

Os Comprometidos
(1984, Moçambique, série de 30 horas, 18mm, p&b)
Produção: INC-Moçambique
Montagem: Marta Siqueira

Obvious Child

(Videoclipe, 1990, EUA, 5 min, cor)

Argumento: Ruy Guerra, sobre canção de Paul Simon

Elenco: Paul Simon, Olodum

Me Aquilo Para Soñar

(1991-92, Espanha, 6 episódios de 50 minutos, vídeo, cor)

Roteiro: Gabriel García Marquez, Eliseo Alberto Diego, Claudio McDowell e Ruy Guerra

Produção: TVE-Espanha

Fotografia: Raul Perez Ureta

Montagem: Julia Salvador

Carta Portuguesa a Sarajevo

(1994, França-Inglaterra, 3 min, cor)

Episódio da série de TV Saravejo: Chronique d'une Rua Assiegée

Produção: Arté TV – França

OUTRAS PARTICIPAÇÕES EM PROJETOS CINEMATOGRÁFICOS:

ASSISTÊNCIA DE DIREÇÃO

Chiens Perdus Sans Coller

(1955, França, longa-metragem, dir. Jean Delennoy)

S.O.S. Noronha

(1957, França, longa-metragem, dir. Georges Rouquier)

Le Tout Pour Le Tout

(1959, França, longa-metragem, dr. Patrice Dally)

FOTOGRAFIA
Katalpi Tesmonte (Souvenir de Paris)
(1955, França, curta-metragem, dir. Demonsthenes Theocary e Pierre Pelegri)

Mulpiti
(1978, Moçambique, documentário)

MONTADOR
Cinco Vezes Favela – Escola de Samba, Alegria de Viver
(1962, Brasil, longa-metragem, dir. Carlos Diegues)

História da Praia
(1962, Brasil, curta-metragem, dir. Fernando Amaral)
Esse Mundo é Meu
(1963, Brasil, longa-metragem, dir. Sérgio Ricardo)

Heitor dos Prazeres
(1962, Brasil, curta-metragem, dir. Antonio Carlos Fontoura)

Marcados Para Viver
(1970, Brasil, longa-metragem, dir. Maria do Rosário)

O Judeu
(1985, Brasil-Portugal, longa-metragem, dir. Jom Tob Azulay)

ATOR
S.O.S. Noronha
(1966, França, longa-metragem, dir. Georges Rouquier)

Os Mendigos
(1963, Brasil, longa-metragem, dir. Flávio Migliaccio)

Benito Sereno
(1969, França, longa-metragem, dir. Serge Roullet)

Le Maitre Du Temps
(1969, França-Brasil, longa-metragem, dir. Jean Daniel Pollet)

Aguirre, A Cólera dos Deuses
(1972, Alemanha, dir. Werner Herzog)

Os Sóis da Ilha de Páscoa
(1972, França, longa-metragem, dir. Pierre Kast)

Nifrapo
(1985, Brasil, curta-metragem, dir. Ricardo Bravo)

Retrato de Artista com um 38 na Mão
(2000, Brasil, curta-metragem, dir. Paulo Halm)

Casa de Areia
(2005, Brasil, longa-metragem, dir. Andrucha Waddington)

Acossada
(2006, Brasil, longa-metragem, dir. Karen Black e Karen Akerman)

ARGUMENTO E ROTEIRO
Balada da Página Três
(1968, Brasil, longa-metragem, dir. Luiz Rosemberg Filho)

Aventuras de um Detetive Português
(1975, Brasil, longa-metragem, dir. Stephen Wohl)